《我们深圳》
首部全面记录
深圳人文的
非虚构图文丛书

我们深圳

POETIC LIFE IN SHENZHEN

深圳时间
一个深圳诗人的成长轨迹

◎谢湘南 / 著

深圳报业集团出版社

1996年，深圳，住在铁皮工棚里的劳务工起床后在梳头（杨延康 摄）

1998年，深圳，几位劳务工正在拆迁房屋（杨延康 摄）

2004年,华强北
(杨俊坡 摄)

1996年,深圳,女工们上班前在楼下摆放一只桶,工厂管理人员将其盛满,这便是女工们一天的生活用水(杨延康 摄)

"鹏城"系列摄影作品(李政德 摄)

"看不见的世界"系列摄影作品(李政德 摄)

010

总序

《我们深圳》

《我们深圳》?

是的。我们,而且深圳。

所谓"我们",就是深圳人:长居深圳的人,暂居深圳的人,曾经在深圳生活的人,准备来深圳闯荡的人;是所有关注、关心、关爱深圳的人。

所谓"深圳",就是我们脚下、眼前、心中的城市:是深圳市,也是深圳经济特区;是撤关以前的关内外,也是撤关以后的大特区;是1980年以来的改革热土,也是特区成立之前的南国边陲;是现实的深圳,也是过去的深圳、未来的深圳。

《我们深圳》丛书,因"我们"而起,为"深圳"而生。

这是一套"故园家底"丛书,它会告诉我们:深圳从哪里来,到哪里去,路边有何独特风景,地下有何文化遗存。我们曾经唱过什么歌,跳过什么舞,点过什么灯,吃过什么饭,住过什么房,做过什么梦……

这是一套"城市英雄"丛书,它将一一呈现:

在深圳，为深圳，谁曾经披荆斩棘，谁曾经独立潮头，谁曾经大刀阔斧，谁曾经侠胆柔情，谁曾经出生入死，谁曾经隐姓埋名……

这是一套"蓝天绿地"丛书，它将带领我们遨游深圳天空，观测南来北往的鸟，领略聚散不定的云，呼叫千姿百态的花与树，触碰神出鬼没的兽与虫。当然，还要去海底寻珊瑚，去古村采异草，去离岛逗灵猴，去深巷听传奇……

这是一套"都市精灵"丛书，它会把美好引来，把未来引来。科技的、设计的、建筑的、文化的、创意的、艺术的……这座城市，已经并且正在创造如此之多的奇迹与快乐，我们将召唤它们，吟诵它们，编织它们，期待它们次第登场，一一重现。

这套书，是都市的，是时代的。

是注重图文的，是讲究品质的。

是故事的，是好读的，是可爱的，是美妙的。

是用来激活记忆的，是拿来珍藏岁月的。

《我们深圳》，是你的！

胡洪侠
2016 年 9 月 4 日

目录 CONTENTS

第一章 候鸟之家

城还没有起来 /016
搬运工寻找动词 /024
深圳早餐 /030
我就站在打卡的队列中 /034
我愿意永远是这个城市的游客 /037
中巴上的粤语歌曲 /042
你在深圳干什么？ /045

第二章 城市地图

南头以远 /052
在常兴路上 /055
布吉镇的黄昏 /058
群居巴丁街 /060
午夜游走 /062
金塘街的相思 /064
在东门的人海中 /067
蔡屋围天桥 /071
恋恋风尘蔡屋围 /073
一个公园的快照 /076
人才市场指南 /081
随书进城，涉过岁月雷池 /084
在高交会上 /087
流浪的吹鼓手 /091
"千禧之旅" /093
鞋子走在华强北路 /095
地铁通向情感的郊区 /098

第三章 "外遇"

1997年，一个分水岭 /104
半夜三更，婴儿啼哭 /117
背景如何重塑？ /134
不停搬迁的"边缘客栈" /147
白石洲的"黑石头" /151
一座滋养诗歌的"花园" /155

一座城,一种生活方式	/157
送安石榴	/161
从广东诗人俱乐部到白诗歌	/167
一块飞地	/178
爱的记忆	/181
诗歌人间	/187

第四章 "玩具城"

飞转的滑轮	/196
在地铁里练习点钞的女人	/198
幕后"工作"	/202
从沙角头出发	/206
麻桑之地	/210
欢乐的,自由的,裸露的……	/212
消失的"明斯克航母中心广场"	/215
去深大看戏	/218
到灯塔去	/221
土伦和他的"打工之友"	/223
醉酒的人	/226
菜市场的女人	/228
十八岁	/230
卖书记	/232
年初二,深圳的一碗面条	/236
细雨中的木棉	/241
大口罩	/245
谢谢收音机	/248
玩具城	/253

那时候深圳**对于我**，真是一座"看不见的城市"。我对这个城市了解甚少，**我的生活**只在一个固定的**区域内**，上班、下班，在工厂旁边的快餐店**打饭吃**，有时会到**上沙村**的一个小书店去看书。

第一章
候鸟之家

城还没有起来

提前半小时上班
年轻小伙总该有些癖好
我爬上6楼光光的顶层
那时四周还有很多空地
人群、树林、大海
被挖掘堆起的红泥
置在路边的水泥瓦罐
世界似乎以我为中心
这是1993年秋日的一个早上
我还能做出一套完整的广播体操
香港的楼房特别清晰
112栋更像一个符号
就像当初的今天
我总是有很多找不到答案的习题
一个梅县人过来与我打招呼
他的普通话像我还没习惯的
广东的早餐
他是6楼的机修工,后来成为
我的主管,再后来
他比我还先离开6楼

老板不再信任他

在沙嘴工业区112栋6楼

我还记得一个叫"阿梅"的名字

她是广西梧州人

——《沙嘴工业区112栋6楼》

扫描二维码
聆听谢湘南
为你读诗

这首诗，大概写于1996年。

1993年我来到深圳，沙嘴工业区（现在叫金地工业区）112栋6楼的一家文体用品厂，是我第一个落脚点。我在深圳的第一份工作就在那里。

我们生产一种叫粘耙球的运动产品。我是一名装配工，负责安装球拍，手工操作，没有什么技术性。球拍的粘布很硌手，刚上班那几天，手指都磨得通红，一碰就痛。

厂子不大，厂房空间占了6楼的一半，20多个工人。老板是香港人，有两个同在工厂做工的男孩、女孩，是湖北沙市人，其他以广东与广西

那时候深圳对于我，真是一座"看不见的城市"。我对这个城市了解甚少，我的生活只在一个固定的区域内，上班、下班，在工厂旁边的快餐店打饭吃，有时会到上沙村的一个小书店去看书

人居多。其中有两个女孩,一个叫阿梅、一个叫阿莲,她们走到哪里,都在一起,我现在还能想起她们的面貌。

沙嘴、沙尾、上沙、下沙是位置相连的几个村子,在深圳湾的东边,隔着一片红树林,与香港的元朗、天水围相望。

那时候还没有城中村的概念,村里的居民楼大多数也就是2—4层高的小别墅,独门独院的多。工业区就是连排的厂房与宿舍楼,它们在村与村之间,成为人流的集聚地。四周都是待建设的空地,城还没有起来,深圳的中心在罗湖。

2014年4月5日,我带着东莞理工学院的几位同学来到这里"旧地重游"。他们在做一个打工诗歌的课题,想听我讲讲以前的生活与写作,拍摄一些素材。于是我带着他们去找我来深圳的第一站。

那天阳光很好。穿过上沙村,我们没费多大工夫就找到了112栋。它还在,模样没多大改变,但编号变了,现在是一栋宿舍楼。地面临街的一层变成了餐馆与商铺。有店面还在门前搭起棚子,送水的店将水桶摆得层层叠叠,一直延伸到路边。

这一片还保留了10多栋老工业区的楼,没有拆迁,现在属金地生活区。如今已看不到当年上下班时人流如织的场景,但在旁边的几栋宿舍楼里我看到了久违的画面,楼道的走廊里晒满了衣服、床单与被子,景象十分壮观。这种场景只有在人口密度极高的工人宿舍里才能看到。阳光温暖,生活在此刻显得安静祥和。

从沙嘴工业区往红树林方向走300米左右就到了沙嘴村的村口,南海渔村酒家就在红树林边上,在沙嘴村的入口处。一到夜晚,那里霓虹闪烁,树枝上都挂着霓虹灯,餐桌摆在树林中,吃夜宵的人散落其间,一派繁闹,空气中除了菜香味,也能闻到海腥味。20多年前,那是附近最好的一家餐厅,也如同沙嘴村的一个标识。对于我,那更像一个浪漫的想象,远远地观望着本地人与老板们喝着啤酒,吃着海鲜,感受着从深

从1993年至2014年，时间轻轻划过21年，我不知道我以前做工的老厂房还在不在。我抱着试试看的心情，带着几位同学穿行在上沙的街巷里

圳湾吹来的风。

今天，南海渔村酒家还在。从外边看，它变成了渔村音乐酒吧与沙嘴渔村俱乐部，很大的招牌，与深圳的多数KTV没有太大区别。最大的区别是招牌后的建筑本身，与周边的建筑比起来，它低矮（只有两层），自成一体，有着时间的痕迹。旁边的树林没有了，建了房子，变成了小区。相邻处还建起了一个宗祠"洪圣宫"，里面供奉着当地村民的洪姓祖先……村里的老人们在院子里打着麻将。这样的图景，变成了生活的常态。

上沙村祠堂与上沙文化广场相连，如今已成为居民休闲的场所

从昔日看上去豪华的酒家，到今天看上去陈旧的KTV，"渔村"在这里不知见证了多少外来者的眼睛、足迹和高谈阔论。今天，那些交谈连同碰杯声，都消失在红树林里了

上沙村街边的24小时便利店

今天，沙嘴工业区有三分之二的厂房变成了建材市场，沿着沙嘴路与金地一路的两侧变成了美食大观园及一些娱乐场所，但老厂房都还没拆，原来工业区的形态还在。与当年邻近的三个工业区比较，沙嘴是现在保留以前工业区时期原貌最完整的工业区。临近滨河大道，下沙工业区早已拆掉，现在是一个商业楼盘与住宅；上沙的城市更新改造也在进行，原来工业区的位置，现在是一片工地，正在建商品楼；沙尾工业区保留了原工业区的形态，现在功能转换，成为深圳文化创意园。

记得有一个老乡当年在沙嘴工业区的一家工厂当保安，有时下了班，我会去他那里聊聊天。老乡通常会蹲在工厂门口抽烟，我们闲聊着，货柜车就在厂门口装货……如今工厂早已不在，那栋楼，经过了穿衣戴帽，外墙重新装修之后有些认不出是曾经的厂房，但我清楚地记得厂房的位置。原来的沙嘴路还在修建中，黄泥路边排水涵洞裸露的景象在脑海里浮现。那时候还没有福荣路将红树林与几个村子隔开，广深高速公路也在修建中，红树林周边驻扎着边防部队。

沙嘴村的街道横竖直对，村中心一条主街道比其他街巷要宽，其他街巷的距离也是均等的，有如一个规则的棋盘，显然它是经过规划改造的，同样是城中村，它的结构要比上沙、下沙、沙尾这三个邻近的村都规整、有序。

今天，行走在沙嘴村（现在都叫社区），你会发现这是一个井然有序的城中村，是一个丰富的生活世界

沙嘴村宗祠"洪圣宫"旁边的小公园

城还没有起来的时候,这里有很多来料加工的工厂。一个工业区按数字编号,有上百栋厂房,一栋八层楼的厂房,多时会有10多家小工厂,而工厂大的也可能会占上四五栋厂房。工业区里流动着颜色不同但又相对单一的厂服。工厂宿舍与出租屋里住的大多数是工厂里的打工者。今天,工厂早已搬走,这里已成为相对成熟的生活社区,村里面有社区图书馆、文化广场,各种商店(生活超市、士多店、药店、情趣用品店、二手家具店、鲜花店……)、餐厅、休闲会所、KTV、快递营业点……,可以说有生活所需的一切。住在出租屋内的人虽然多数仍然是外地移民,但与以往相比,身份与结构也有着很大的变化与差异。20多年前,我们大多数时候靠贴在工厂门口与工业区布告栏里的招聘启事找工作。现在一群人簇拥在工厂门前看招聘广告的场景再也不会有了。在沙嘴文化广场旁边,我找到这里唯一的布告或宣传栏,上面贴着的大多是商店转让、招租、出售等小区域内的商业信息。

搬运工寻找动词

脏乱中的上沙村
正在建设的立交桥
脚手架立在脚手架上
我从脚手架下走过

市场的一端
方便面藏匿饥饿
海风靠近黄昏
我想起一首《桥》的诗

其实在福田与在别处没什么区别
除了方便面我还有其他的粮食
比如地摊上的一本旧杂志
再比如一个靓女从眼前
一闪而过
她吃过的甘蔗渣吐在我脚边
让我的鞋子也闻到一丝
甘甜

更多的人群穿过市场

我回头

一块水泥掉落在身后

——《在福田》

上沙东村路

1994年，在上沙村，一块水泥掉落在我身后，这是经常发生的事。

上沙村，在我最初来深圳的几年，或者说整个20世纪90年代，是我在深圳的活动中心。

1992年，上沙村开始城市化，乡村变为城市社区，村民变为居民，并成立了实业股份公司。整个90年代，上沙村与众多深圳的村庄一样，经历了数次我称之为"刷楼"的折腾。外来人员持续涌来，房子不够租了。当地村民把原来的房子迅速推倒，重建起高密度的握手楼。整个村子都是工地，总有房子在推倒重建，楼房的高度也一天天被刷新。从最初的别墅式住房，到五六层的楼房，再到十层或以上的握手楼，场景变换之快，就如同一位艺术家把城市建设的画面压缩在一个几分钟的动画片内。对于出入在工厂与出租屋内的外来工，时间压缩成上班与下班的指针；对于本地村民，则有如一个搭积木的游戏。一边是拆楼工人站在断墙上挥锤，毁碎机的声响震耳欲聋；一边则是脚手架迅速搭起，一栋楼的框架几天就看出规模，不管是外来工，还是本地村民，人们都习以为常地在脚手架下穿行。

在上沙我曾在两家工厂做过工。

一家叫怡君公司，是一家台资企业，生产电线插头，我负责对次品返工。

另一家叫上沙合力五金电镀厂，是港资企业，对电子元件进行加工、电镀，在这个厂里，我是一名搬运工。

在怡君公司，我只是一名临时工，并没做多久，但当时上班的情景印象深刻，工厂里反复放着流行歌曲《冬季到台北来看雨》《阿郎的故事》《水手》……每个车间都能听到。我与几位返修工坐在一起，从煮沸的水里捞出插头，然后用剪钳把插头剥开，反复做着这同一件事，有些单调乏味。有个熟练的师傅，是组长，看管着我们，做得不好，他会训斥我们，甚至揪我们耳朵。当厂里回荡起《阿郎的故事》的主题曲

现在，怡君公司当年所在的厂房楼变成了一家"风尚俱乐部"，临街一层则是一些商铺与餐馆，其中有一家"湖南土菜馆"，我带着东莞理工学院的几位学生去寻访时，就请他们在"湖南土菜馆"吃午餐，这让我想起我在深圳过的第一个春节

时，我会特别有感触，会有种漂泊感从内心泛起。

怡君公司大致在上沙村的中心位置，距上沙实业股份有限公司只有几百米。当时每当路过上沙股份公司的门口都觉得那里面很神秘，与一般的公司门前站着保安不同，它门前站着两个民兵模样的守卫。再加上当地人一般不与外来的打工者交往，我就始终觉得那是一个令人有畏惧感的地方。

当年，我四姐与四姐夫也在怡君公司做工。那一年的春节，我们就是在距这里100多米远的公司的宿舍里过的。我姐所住的宿舍租的就是村民的出租屋，整个一层摆了有20多个双层的铁架床，宿舍里住了有30多名女工，没有所谓的个人空间，床前的一张布帘就是你梦想的容积。在这个集体宿舍里，来自我老家湖南耒阳的打工者还不少，老乡与老乡之间，会显得更为亲密些。很多工友，平常都用一个小煤油炉在宿舍里做饭吃，我姐姐也不例外。四姐用煤油炉简单做了几个菜，为那个孤单的春节留下一抹温暖的记忆。我后来写过一首诗，算是对第一次在深圳过春节的记录——

没有一座城市像这样一座城市
春节来临，上演一出空城记
没有一座城市像这样一座城市
在我的迷恋中和谐了生命的轨迹

那个凄惶的早晨
爆竹屑在小巷里盘旋
那么多的门都紧闭着
这是年初一，我步行在十九岁

姐姐在她的宿舍用小煤油炉做好了鱼
她的等待是寒风中唯一的温暖
我和宿舍中熟悉的几张面孔打了招呼
和姐姐坐下来享受鱼的热气

没有一座城市像这样一座城市
中国的节日是一种刻骨铭心的记忆

与在怡君公司做短暂的临时工不同，在上沙合力五金电镀厂，我做了有一年多。在这里，我写了很多诗，发表了我的处女作。

来自香港的何主管叫我"阿南"。与我一起做搬运工的,还有阿贵与阿松,阿贵是贵州人,阿松是四川人。

我们三个小伙子,负责数个车间半成品与成品的搬运与流通。

我一天上10个小时班,有时候更长一点,穿梭在成型车间、电镀车间、载货电梯口、仓库、货柜车之间,在金属的摩擦、切割、断裂声中,在注满化学药品、冒着水雾和刺鼻气味的水池边辨析人的声音,我成了一个很好的"手拖车"司机。一天下来并不觉得十分疲累,干活让人心里踏实。

我们穿着灰蓝色的工作服,拉着拖车,在车间里穿梭,从电镀部到成型车间,或者是将货物从仓库里拉出来,装车。阿松、阿贵和我,说话都带着各自家乡的口音。阿松嚼着口香糖,爱把两只裤脚卷得高高的,露出他洁白的运动鞋;阿贵说话总是软绵绵的,一副老实巴交的样子。

我们仨要将货物一箱箱码满整个货柜,何主管习惯性地站在一旁看着我们,不时地用他的香港普通话表扬我们两句——

下班了,嘈杂的宿舍,脏兮兮、永远散发着刺鼻的臭气的冲凉房,宿舍过道刚刷过一层油漆,总是有嘻嘻闹闹的女孩子从过道里奔过,发出莫名的尖叫,像是她们活泼的青春沾上了油漆……

工厂宿舍大堂的电视机前,女孩男孩们一边手捧饭盒,一边津津有味地观看着香港的肥皂剧。他们站着或坐着,为剧中人唏嘘叹讶,不用加班,对于她们,这是多么愉快的一个傍晚,接下来她们会去哪里?她们三五成群地走出宿舍大门……

深圳早餐

我想到念青唐古拉山上的鱼骨和马里亚纳海沟的
　黑炭
我拖着疲倦的躯体走出工厂大门看一轮太阳
　升起然后花一枚镍币买一碟炒米粉和一勺子白
　菜汤
我嚼咀匆匆行走的上班男女的脚步与垃圾装运车
　和送早报的摩托擦肩而过
我双眼布满血丝大脑残留着昨夜的清风和打工妹
　的嬉笑，身边是红树林是候鸟的住地是苍雾的
　海是冒烟的工厂是高速公路是疾驶的汽车的尖
　叫
我想起凯鲁亚克的《在路上》和艾伦·金斯堡的《嚎
　叫》。拧开收音机此刻没有广告和流行乐
……
我听到炒米粉和白菜汤在胃里
蠕动，晚安！我的老板，我的白天我的黑夜
我千百次地祈祷进入梦乡
——《深圳早餐》

在我的大脑里不停地按回车键，搜索到红树林与我最早的关联，

是诗作《深圳早餐》中的一句诗:"我双眼布满血丝大脑残留着昨夜的清风和打工妹/的嬉笑,身边是红树林是候鸟的住地是苍雾的/海是冒烟的工厂是高速公路是疾驶的汽车的尖叫"。这首诗写于1997年2月20日清晨。

原来上沙工业区的位置,现在正在更新改造。那时我在深圳上沙村的一个五金电子厂做工,刚下了晚班,在街头简单地吃过早餐回到宿舍。当我洗漱完毕躺在床上,习惯性地开始了我不平静的诗歌练习,我把这种生活的压抑、情绪的波澜与沉痛全都倾注到这首诗里

城市更新中的上沙村，此地原是上沙工业区厂房

宿舍是加盖在一幢厂房上的铁皮屋，算是第八层，那时沿海边还没建高楼，打开窗子就可眺望到红树林、沿海的一湾苍翠。天气晴好时还可看清香港的楼房。可以说那时候对红树林的眺望，成了我枯燥生活与单调工余时间里一项重要的精神活动，成了我没有边际想象的神秘牵引。潮涨潮落，红树林在海浪的摇曳当中同样摇曳着我的梦想，在涤荡清滤海水时同样涤荡着我的心灵，清滤着我的躁动。

我特别喜欢清晨和黄昏时候的红树林。清晨，海上容易起雾，迷蒙、升腾、一波一波的雾气让红树林若隐若现，呈现出迷人的乳绿、淡雅与静谧，我能感受和把握到它一起一伏的吸纳与吐露，我觉得那是一种不为我知的力量的凝聚，在它包容的、错杂的内部，有无数的精灵在秘密地吟唱、进行着诗的排列与组合。黄昏时，夕光余晖泼洒在海面；红树林，在这时才显现出它梦幻似的光芒、热烈与生机。群群候鸟在它上空翻飞，黑脸琵鹭洁白的翅羽在空气中舒缓地升降，每当目睹到这样的情景，我内心就充满着生活的感动，昂扬起激情，觉得自己也如同这样的一只鹭鸟,在这城市里栖息,被这树林的温热、湿润、茂密所紧紧地拥抱。

后来看了相关资料,知道每年有近200种(其中24种是国家重点保护鸟类)候鸟迁徙到这片红树林里,栖息和过冬。每年冬天,红树林滩涂上空可谓万鸟云集,总量最高达6.8万只。6.8万只聚居在这么小的一片树林里,可算一个庞大的群体了,然而这与栖居在深圳的几百万打工族来比,这个数字同样显出它的单薄。人与鸟齐齐飞抵这片海岸,寻觅到的可能是几近相同的孤独与不停歇地迁徙的乡愁。

有好几次,我带着想更近距离靠近这片树林的热望步行到它的边上,但都只能隔着铁丝网去呼吸它的气息。在2002年,在我离开上沙村的工厂近5年之后,借助"绿色诗歌笔会"的机会,得以抵达了红树林的内部,我像一只欲展翅的黑脸琵鹭,伫立在观鸟亭里,想让那些也许被我目睹过的鸟儿来观看一下我,但我的愿望无疑是落空了,没有一只候鸟来看我,候鸟们已不知迁徙到何方。

我就站在打卡的队列中

我在写一首诗
我站在打卡的人群中
我等待将工卡插入卡钟的那一刻
像诗句在诗行中等待朗读的嗓子

我每向前移动一步
前面的诗句就突破人们的喉咙
铿锵、短促
像磨刀石上的刀锋

我在写一首诗
我站在打卡的人群中
当时间以声音的方式传递于我手里
我像拿到了一张缪斯的签证

拥挤的青春如点燃的灯火
分布到工厂的角度
时间消失,我的诗
没有结尾
——《我站在打卡的人群中》

在所有的计时器中，卡钟是让我最难忘记的一种。

它就像工厂每天开始的一个悬念。通常在工厂大门口、一个车间、办公室入口的过道里，在左边墙上一个人腰身高的位置，它一秒秒地"卡达"着。一个穿黑蓝制服的保安，神情严肃（当然有时候不免也会趴在桌子上，小心地打着呼噜，嘴角流出涎水），陪伴着它。像是生怕时间被工人们偷走，或者发生一场前所未有的对卡钟的绑票案一样，那个保安（有时候也会有某个主管站在一侧），死盯盯地，瞧着每一个个从卡钟前走过的姑娘小伙们……

那些年轻的、活泼的面孔总是在那一刻会像卡钟一样将脸上的表情收敛起来，像有人在他们面前树起了一面模仿的镜子。那卡钟机械的自律和保安全身的刻板，瞬息之间，都传到了他们身上。

打卡的队伍，在工厂大门口排出了十几米长。谁都没法否认，这样一支队伍的青春与蓬勃。这是一支弥漫着发达的汗腺和喧闹的荷尔蒙的队伍，每当上下班时刻，这种骚动的气息就会令整个工业区沸腾起来。而卡钟，它能抑制住什么呢？

很长一段时间，我就站在这打卡的队列中，手里拿着白色的工卡。那上面有我的名字，黑色墨迹是上班时间，蓝色墨迹是下班时间，红色墨迹是加班记录。

我依然能清晰地忆起我在队列中徐徐移动的情形——当我站到卡钟的前面，又一次，再一次，一次又一次；当我将工卡插入卡钟，听到那一声"嗒"——不清脆也不混浊，不，是既清脆又混浊的声响。我怀疑，我真的怀疑这声音是不是从卡钟里传出来的。难道它不是我心跳的声音？难道它与我卡在嗓子眼里的那一声没有发出来的低沉的爆破有什么不同？难道这不是时间的利斧对我的砍伐？

一个年轻的生命，当他站到卡钟前——他几乎无能为力（他不能做出任何的抵抗），他只有将自己身体延展的一部分，伸到那黑暗的秘密的心脏里，任由时间在他身上划出一道道——闪亮的擦痕。

　　我的整个青春期，几乎是把卡钟当成了唯一的假想敌人。不管我以焦急、疲倦、冷漠，还是以欢快、平静的面孔出现在它眼前，它都是表现出一副似乎神圣不可侵犯的——权威的模样。你想，它能给我留下什么美好的印象呢？

　　工卡每月会换一次。而卡钟不紧不慢"嗒……嗒……"的声响却从不会改变。即使在夜里，很深的夜里，你打完卡，拖着疲惫的身子回到了属于自己的那张床上，它仍然在你的身后响着……

　　卡钟。它的每一次短促、尖细的击打，除了提醒，都像是一记不可轻漫的命运的敲击——记忆的钟声与回放……我相信，关于它，每一个在工厂里待过的朋友都能讲出一长串故事。讲出隐藏在那后面的病、事、迟到早退；或者各不相等的薪水、加班费、奖金；或者焦急的等待、监管与指责、工友之间的争吵、不该有的龌龊；或者七上八下情感的纠葛、一次逃亡、热锅里鱿鱼的对炒……

　　卡钟。当它在某些夜里或梦中再一次出现，我也只能用文字，做着这样一种不切实际的，似乎是对自我与青春的祭奠。

我愿意永远是这个城市的游客

> 香蜜湖，时间深处的名字
> 我愿意永远是你的游客
> 驻足在你的香甜里
>
> 西丽湖，时间深处的名字
> 我愿意永远是你的游客
> 逗留在你的波纹里
>
> 我们来自五湖四海
> 今天又在湖边驻足
> 你用我的姓名题诗
> 像是把轻烟刻在湖水上
> ——《我愿意永远是这个城市的游客》

20世纪90年代初，香蜜湖度假村是深圳的重要景点之一，算是深圳旅游市场的一坛佳酿。那时候我在车公庙一个电子厂上班，隔着深南大道与香蜜湖度假村也就是300米左右的距离。

那时的香蜜湖度假村四周都很空旷，没有几栋高楼，对面的高尔夫球场仅是一片空地，旁边的五洲宾馆也还没影儿。上班的工厂在5楼，站在车间的窗前，远远地就能看到香蜜湖里面的景点与设施。看到当时号称是世界最长的水上过山车，亚洲最高的摩天轮（全高46米），还有什么流星车、海盗船之类的，还可看到赛车场与跑马场。我真是向往和羡慕得不得了，感觉那真的是一个乐园，心里就想，一定要去里面玩玩，但经常要加班，一个月过去了，两个月过去了，始终没有空闲能溜出来一趟。

在第三个月，工厂赶完了一批货，决定给我们放两天假。我心想这回终于可以去香蜜湖痛快地玩耍一次了。但天不遂人愿，第一天下起了瓢泼大雨，下了一整天。第二天，雨停了，但在上沙一台资电缆厂上班的姐姐病了，姐夫要加班，只好我陪姐姐去看病。后来经检查，是姐姐有了身孕。这是好事，但姐姐却高兴不起来，她还没打算要孩子。之后，要去香蜜湖玩耍的事就又在心里搁浅下来。

秋天，姐夫说服了姐姐，让她回家生孩子，回家之前，姐夫提议去香蜜湖游玩一次。因此，我们一行五人来到了香蜜湖（还有姐夫的弟弟与他女友），那是我第一次成为这个城市的游客。那时候香蜜湖真是个热闹之地，在门前，诸如"姓名题诗""姓名作画"及刻印章、卖字画、假古董与卖旅游纪念品的店铺都有数十家，还专门有测字、看相、打卦的店铺。好像在那里，形形色色的人都可遇见。

买了门票进入园内，我对骑马产生了浓厚的兴趣，怀着一个南方人对骏马的好奇，想尝试与体验一下在马背上的飞扬感，但我人生的"处女骑"却并不顺利。那匹干干瘦瘦的马看到我这个干干瘦瘦的人，也认为是好欺负的，于是还没等我摸到它的马屁股就恶狠狠地要踹我一脚，好在旁边的驯马师及时地掌了它一下嘴巴。看来马也是势利的，见了我等打工仔不让骑，但那天，我还是骑定了它。

在广阔的香蜜湖（那时候确实是这样感觉的）转转悠悠，一天很快就过去了。我们用租来的相机拍了照，想着将瞬间的欢乐定格下来，至

1994年与四姐在香蜜湖度假村

今我还保留着一张与姐姐在"八爪鱼"前的合影,因为受了潮,这张相片在相册里已有些发黄。

世间的事情,大多数都是要发黄的,昔日作为游乐园、旅游景点的香蜜湖也已经黄了。现在的香蜜湖度假村变成了食街,"湖"只剩下了红荔路旁的一小畴水面,成为附近高档楼盘下的私家景,水上过山车成为这个城市似有似无的废墟,矗立在那里,有时候路过看到,如跌入过去未来时,不胜讶异。但我相信,相对于众多在深圳漂泊过以及在湖畔驻足过的人,对香蜜湖这样一个充满想象空间的名字与地点,都会有一些记忆与故事。

那个时候,与香蜜湖"齐名"的还有西丽湖,它们像"双生花"潜伏在我大脑的回沟纹里。

很多年前,我姐夫的一个表弟,在西丽湖的一个农场养殖绿毛龟与金钱龟,当时我认为那是十分诡异与神秘的一份职业。

我见过这兄弟两面，一次是同姐夫去西丽看望他，一次是他来上沙玩。这兄弟长得很有个性，个头不高，梨形脸，雄鱼嘴，形象让人过目不忘。他说起一些养龟的趣事，也让我对西丽湖有了美好的想象。

后来听说他偷偷地卖了一些龟，失联了，我也再没见过他。之后，我真的去到西丽工业区的一家纸品厂上班，但与西丽湖的美景却隔着工作的茫然。

纸品厂很小，工人也就十来个，被一个四川人家庭掌管着。老板姓毕，外表很斯文，说话时爱用手巾不停在额头上擦汗。毕老板不常来工厂，我在这个工厂上了近半年班，也就见他不超过七次。后来听说毕老板是某位艺术大家的女婿，这事没有得到毕老板的印证，但我在毕老板的办公室倒是见过传说中的这位艺术大家的作品。财务的姐姐、姐夫及她姐夫的弟弟都在这工厂上班，他们都是四川人，财务的姐夫也就是工厂的主管。除了他们一家人，这工厂也就是几位工人了，两位江西仔、一个陕西人再加上我这个湖南仔以及两位业务员（一位是湖北人，一位是江西人），这就是工厂的全部人员了。我们这支杂牌跨省队伍，在工厂里没有固定职位，各个环节的活都做，为赶货随时准备着。两位男业务员算是这厂里的精英，他们平常大多数时候在外面跑，回到工厂提货时也会帮着干打包、装箱之类的活。

这样一个小工厂，也像是一个小家庭，当然，四川人家说了算，他们算是工厂的元老，在工厂里待得最久，其他人都是新招来不久的。

主管自己开大车床，将大卷纸装上机床、切割。他操作得很熟练，他常跟我们一起聊天，说自己以前在建筑工地上开吊车，在很高的塔吊上操作，不能有半点闪失，比现在的活惊险刺激得多。

一天晚上，半夜里，我们被主管叫醒，他命令我们每人拿根铁棍，上了平常工厂用来出货的小货车。我们不知出了什么事，有些摸不着头脑，车子开到蛇口的四海公园，然后主管带着我们去找人。原来是江西仔业务员收了货款走人了。没找到人，那个业务员就这样消失了，他到底卷走了多少货款，我们不得而知。

其他几位工人常在一起八卦，谈论着毕老板、财务，还有剩下来的那位湖北籍业务员之间的关系。据说毕老板欠了别人很多债，为躲债，我们搬离了原来的厂房，租到另一个工业区了，但还是在西丽，其实距之前的工业区也没多远。

工厂不忙的时候，我常会站在空空的窗框前望着近旁的一片荔枝林，我写的《在西丽镇》一诗，便是对那段日子心境的呈现——

一片荔枝林对着一个窗口
一个窗口对着一片荔枝林
起先是从荔枝树下望那个窗口
后来就由那个窗口望那片荔枝林

这就是我全部的生活
我是说除了坐在流水线上
我是说除了与老板在办公室谈话
我是说除了吃饭
我是说除了上厕所

这就是我全部的生活
在西丽镇，唯一有意义的生活
——《在西丽镇》

中巴上的粤语歌曲

我的胃在颠簸一部历史
深南大道鱼贯而入

生猛海鲜徜徉于夜色,温柔地
噙着先生们的胳膊,小姐们的裙子

我的胃在颠簸一部历史
楼群的眼睛茂密如啤酒的泡沫

上升,上升
在地王大厦上架一把梯子
到月球上去炒股

微缩,微缩
锦绣中华流入世界之窗
用鸡蛋克隆一个地球

我的胃在颠簸一部历史
我的历史是一只无法消化的胃
　　——《中巴上的粤语歌曲》

7月1日，这个日期会反复地在我的书写中出现。2006年7月1日，深圳的街头，再也见不到运营的中巴了。

中巴车曾像小龙虾，在深圳这口麻辣香锅里横冲直闯。20世纪90年代，深圳满大街跑的都是中巴车。一出罗湖火车站，就会看到各路中巴车摆出的阵式，售票员很有腔调地在广场上、车门口拉客，举着个牌子不停地挥动着，嘴里跑火车似的喊着，很多是用我尚不熟悉的广东话。

这样的场景，总给我一种漂泊感与风尘味。中巴通往深圳的每个村子，关内的关外的，它们将初来乍到的打工者，拉到那些只在亲人或朋友口中听说过的村子与工业区。

从火车站到上沙、下沙、沙嘴、沙尾都有中巴车，到上沙与沙嘴的分别是多少路车，我已想不起来，那时候这两路中巴车是我经常坐的。

深圳中巴消亡史，也像一部罗曼蒂克消亡史。中巴曾是深圳人出门的主要交通工具，坐中巴的感受自然是烙在了身体里，冲刷不掉的。

记得深圳作家张黎明写过一篇小说《猫低》，小说的具体情节记不起了，但"猫低"这个词，却让我时常想起那些年在深圳的中巴上颠簸的画面。

"猫低"是粤语，当中巴车通过一个红绿灯路口，或看到前面路边有交警执勤时，司机或售票员就会猛喊着"猫低""猫低""猫低"，意思是叫站在车内过道上的乘客蹲下来，这时候多数乘客都会很配合，等中巴驶离了交警的视线，乘客便迅即复归站姿。

"超载"是每辆中巴车的常规动作，一辆巴士里爆米花般挤满了人是常态。我刚来深圳时，还常晕车，所以会有上面诗中所写的感受，胃在翻江倒海，但又必须忍耐。

坐中巴给我印象最深的是，车上不停歇地放着粤语歌曲。从当年红极一时的香港著名歌手的歌，如郭富城的《对你爱不完》、张学友的《每天爱你多一些》，到李克勤的《红日》、Beyond的《光辉岁月》

等，从欢快、缠绵的情歌，到励志的摇滚，让奔波在寻工路上的我，倒是找到贴合的心情——

  今天只有残留的躯壳
  迎接光辉岁月
  风雨中抱紧自由
  一生经过彷徨的挣扎
  自信可改变未来
  问谁又能做到

  在20世纪八九十年代，粤语文化是深圳的主流文化，外来工如果会讲粤语，找工作会容易很多。最初来深圳的时候，讲普通话会有种被歧视的感觉，很多招工启事上明确要求会讲粤语。所以我们都会去学粤语，有些工友还买了书与磁带跟着学。
  中巴在深圳退出历史舞台，似乎也伴随着粤语文化在深圳的式微，粤语歌曲的影响力也在走向衰亡。随着全国各地的人涌进深圳，随着城市的转型，深圳某种意义上的"地域性"被消解，包容与开放的观念在无形中改变生活的细节与人们看问题的方式。
  我印象最深刻的一次坐中巴的经历是从福田上沙坐到蛇口码头，20世纪90年代中期，我随着当时的工厂搬迁至中山坦洲镇去。这是我与深圳的一次短暂告别，但感觉那真是一段遥远的路程，那时候还没有滨海大道，填海工程正在铺开，中巴沿深南大道，经过锦绣中华、世界之窗……一站站过去，接下来都是些陌生的地名，好像过了两小时，才抵达蛇口，好漫长，好遥远——

2014年，我在上沙村看到的景象。街头有不少搬家工

你在深圳干什么？

当我面对自己
（其实我从来没面对过自己）
当我从镜子中看见背面的夜空

（其实我手中空无一物）
当我把自己的眼睛当作镜子
（其实眼睛已被夜空迷合）
当我用那些黑色的部分来做一双眼
（其实梦是苍白的局部）
当我把苍白比作太阳
（其实我的肌肤每一寸都抓到
　　——那些毒素）

你在深圳干什么？
你在深圳干什么？
你在深圳干什么？
你在深圳干什么？
你在深圳干什么？
你在深圳干什么？

明天是星期天
我心里在说
做一个哑巴

　　我的身体何时才能移到那个售票的窗口，这一点，我完全没有把握。因为我的眼睛还看不到那个窗口，我的身体像夹在一个无限长的超级汉堡包中间的小火腿片，被这购票的队伍推揉着，徐徐往前移动。
　　已经是晚上九点了，我是五点半钟一下班，坐了40分钟公共汽车，买了个面包和一支矿泉水就站到了这支队伍里。还好，我已排到了队伍的节骨眼上（转弯处），我的面庞往左后侧一下，就可看到香格里拉大酒店冷幽幽的玻璃和玻璃中反射的霓虹；往右偏一下看到的是竖立在广场上的超大电子彩屏——饮料、表、酒店、穿得有点暴露的女模特……不停在上面滚动播放着；目光（穿过一片凌凌乱乱晃动的人影）的正前方则是罗湖口岸的边检大楼。队伍还在不断加长，我的身边站着两个维持秩序的武警，也就是说我现在站的位置（与售票楼相连的人行天桥上）已是有些靠前的了，在队伍的中部，时不时涌动一下，有些骚乱。我闭上眼睛，想休息一下，想象着自己已经移到了那个窗口前，已经可以猫着腰从售票口看到售票员敲键盘输票给我的手指（我真要赞美一下手指，感谢它让我终于拿到了一张回家过年的火车票，让我盯着售票窗口火灼灼的眼睛终于可以像拉熄的灯泡，归于隐秘的来处）……

这是1999年春运期间，我在深圳火车站买车票的情景。那天算是运气好了，排了四个多小时队，就买到了票。记得再前一年买票，那时我还在一家工厂上班，我是下了中班，夜里十二点去排队买票的，足足排到第二天早晨七点，仍然没买到票，好在后来有老乡赶去接应，不然真的要晕倒了，又困又饿又冷，一挤起来，真像拼命打仗一样。能够仍然在那队伍里站着，完全因为那时自己身上也有股年轻的蛮劲，要不早给挤趴下了。

躲避不了的事情，也就只能硬着头皮去承受，现在想起来，对这种买车票的情形，心底里仍有一种遥远的恐慌。火车站每年都会成为出门在外的人眼中的焦点，随着日历一页页翻过，那个售票的窗口就慢慢向我们的视线推进，最终直逼到眼前，成为望向自己村庄与家门的一个望远镜。用"眼巴巴的渴望"来形容也是贴切的，正因为这样，所以回家，对于那些在这个城市里漂浮的人，对于那些势必要回去的人，成了一种挥之不去的隐痛。

曾经有两年（2002、2003年），深圳的春运售票地点改到了高交会馆。但那仅仅是将"黄牛党"（票贩子）分成了两拨人，一拨人仍然固守在车站售票厅,一拨人已抢占新据点,悠然地在高交会馆周围兜转。

2003年底,在深圳物质书吧,我曾采访过一位台湾女作家,记得当时我向她提了一个有关春运的问题:"你了解祖国大陆的春运吗?现在一年一度的春运很快又要来了。当春运作为一个文学的母题,出现在文学作品中的时候,你的第一感官或者感觉是什么?你会想到什么?"结果她反问:"什么是春运?"

原来她不了解春运这回事。这让我当时也感到意外。对于大多数中国人,春运是每到年关的第一话题。"回家过年吗?"(或者"过年回家吗?")每个人见了熟人都会这样问,这不仅是对朋友的关切,也是对自我的盘问。因为过年,不仅意味着人生旅程的一个短时回顾,同样意味着艰难地买票,在人潮涌动的火车站陷入兴奋的、无奈的、茫然的情绪漩涡。一票难求,排着几公里的队在寒冷的空气里守夜购票,这样的场景,相信大多数身在外地的人都经历过,都是记忆中无法抹去的深刻印记。直到今天,当春运来临,如何买到一张回家过年的车票,仍然是很多人在面对的现实困境。所以,当有人问"你在哪过年?"时,这一简单的问候,其实蕴含了太多的意味。它能勾起的想象、引发的情感流变、激起的感官反映,不仅是一个可以大书特书的文学母题,而且是对现实中国的精神拷问。

一张落发的火车票,就是一首诗。我曾写过很多关于车站的诗、关于交通工具的诗,其实写的就是在路上的生活状态。在前网络时代,在高铁时代前,在路上与虚构无关,它就是具体的排队买票、挤车,在中巴上按捺住眩晕,忍住呕吐;在火车上睡在座位底下,上不了车时情急中的砸窗与爬窗,更多是贴身的肉搏的经验。

而在平素的日子,如果有闲暇,我也喜欢到火车站去转悠。我觉得在我的骨子里对于人口流动的场所(比如长途汽车站、码头、机场)都有一种天生的喜好和迷恋,我喜欢隐藏在拖着、背着、挟着、裹着、扛着行李的人群中，喜欢看他们的兴奋或疲惫、他们面孔上的鲜活与生动，还有那种送别的场景、接站人的表情，以及他们举着的各式的牌子和牌子上书写着的陌生人的名字。我觉得我这个"人群中的人"，与这些行色匆匆的人、与归来和离去的人、与那些在火车站逗留的人、那些恶声恶气抑或鬼鬼祟祟的人是多么和谐。对于这些人世间流逝的镜头，陌生人的来去，我都只能——慢慢去靠近……

城市的黄昏，很难看到**彩霞**满天的**景象**。但如果是站在空中，倒过来看，那也许可以将灯火与霓虹当作**地面的云彩**。

第二章
城市地图

南头以远

小谭是我们保安队的一位保安，也是湖南人。

在图书馆当保安（或者深圳的其他地方做这一行也类似），没有太多的意外，其实是一种游手好闲的职业，有大把的时间可供挥霍。和我在一起当保安的，有四个年青的小伙子，他们的八小时之外，大都用在玩麻将与泡妞上，小谭就是这样。他在值班时，与一个时常带小孩子来图书馆广场玩耍的同乡保姆勾搭上了。可能小谭自己也稀里糊涂，保姆怀上了孩子，保姆主人家（据说是保姆的叔叔）找到馆里来，逼着小谭娶他侄女不可，但小谭不愿意，落了个被图书馆辞退的结果，在保安队解散之前的三个月，提前脱离了我们的队伍。

我在保安队伍里，是个子最瘦小的一个，又有点书呆子气，不参与他们的活动，因此在他们看来我是一个不合群的人。我们的头儿，一个叫黎工的家伙，是个学水电的硕士生，也有点呆头呆脑，看我做着文学梦，时不时地还冷嘲热讽我一下，找一些力气活给我干。但后来，我值班，抓了一个偷书的小偷，追小偷追到500米以外，将小偷扭倒在地，将一本有关模具制造的书追了回来，受到馆里的表扬，他才对我客气了些。

做保安最惬意的事情，是值夜班进行夜间巡逻，拿着三节电池的手电筒，腰间挂着根胶棍，很威武的样子，眼睛模仿着猫头鹰的神态，左一眼，右一眼，迅速而准确地像是在搜寻着猎物。天空有星星或月亮的夜晚，绕着图书馆转悠，时而抬头望天，时而望望近处一家酒店的霓

改建后的南山文体中心

虹,似乎真的有一种保卫图书馆的神圣使命,浮想联翩之余,也对自己的前途与未来,进行不可名状的憧憬。

图书馆与南山文体中心一路相隔,我的电脑操作就是在南山文体中心学会的,学打字,学Word,学编辑排版。两个月时间,上班下班,就在图书馆与文体中心间往来。那时候,《南山报》还在文体中心办公;那时候,文体中心还有个"大家乐"式的露天卡拉OK场,几乎每天夜里,我都听到一个年轻男子的声音在嘶吼:一千个伤心的理由,一千个伤心的理由……

令人伤心的理由何此千个,生命的伤痛对于人生的历练,往往是不由自我意志把握的,是生命之歌,也是经验的"天真之歌"。关于南头生活的点点滴滴，时常会在脑际萦绕，同样是有限的文字难以表述的，我离开了那里，但那里仍然居住着值得我尊敬、感激和怀念的人，虽然已久未联系，久未闻其音容……

南头以远是哪里？蛇口？宝安？东莞？这个问题我回答不上来，我想即使是老深圳人，也是难以回答的。因为南头作为深圳的一个地点，不是要塞，也不是交通枢纽，南头检查站这道人为的屏障，在我看来也难以形成开阔的地域意义上的想象，因此它地理概念上的"以远"是不存在的，我在这里引用"以远"二字，是时间概念上的一种伸展，我想要表述的是，地点南头之于我的相关记忆与历历往事。

在常兴路上

从图书馆到邮局,中间一段公路两边都是林荫道,约300米长。靠公路东边是一排芒果树,从下面走过,不抬头望似乎有一种颜色往你的鼻子里钻,鼻孔痒痒的,那种感觉说不出是舒服还是难受;抬头望,发觉天空似乎压低了许多,有一种打了喷嚏的痛快。西边的树,我叫不出名字,开一种米黄色的小花,树身上还长满了刺,黄昏有霞光的时候,这种小花分外灿烂、诱人。因为住在图书馆,平时喜欢写一些小东西,所以经常往邮局跑,上邮局走公路的东边,回图书馆走公路的西边,次数多了也就发现了一些熟悉的面孔。

那老太太五十多岁的样子,坐在第九棵芒果树下,远远地她就看见我了,一直盯着我走到她眼前,"小伙子,看相么?"她的四川口音明晰地在我耳边响起,每次我都是带着一脸的不屑从她面前走过。走出十多米都要回头望她一眼,有好几次我都发现她还在盯着我,这时我就扬给她一个鬼脸的笑,她的表情却如一片无风时的芒果树叶,没有一点荡漾。我想她是在艳羡我的青春或猜度我的内心吧!她一脸木然,呆坐在芒果树下等待着一天的好运气。

从邮局寄完信往回走,在开米黄色小花的树下总能看到一群人在围观着两个人下象棋。这时我总是要凑向前去观望一阵,我的棋艺不敢恭维,但隔上几天不走棋,心里就起疙瘩,看别人下棋不仅能"望梅止渴",而且还有另一番乐趣。因为观望的人多,且大多数都以为自己是明白的旁观者,"激昂处"就有人出来"指点江山",这样一来,这盘棋就成了集体智慧的结晶，那对弈的老者和青年像分享生日蛋糕一样将这盘棋呈现给了旁观者，棋盘只有一个，但每一个旁观者都按照自己的棋路取得了一份"蛋糕"。

有段时间因为工作上的事，我感觉特别沮丧，并不是为去发信，不经意地走向了林荫道。"看相么，小伙子？"我竟然走到第九棵芒果树下了，我看了一眼老太太，在她那张冬瓜脸上像浇了水一样闪过瞬间的兴奋。她面前摆着一张绘有太极图的红布，红布已显陈旧，在红布左上角放着一个铁罐，罐里插着一些竹签。"准不？"我问。"心诚则灵"，她的脸上又返回到尘世的漠然。不知怎么的，我竟然把手伸给了她，老太太开始端详我的手，作一种要看穿我手掌的神秘状。

"你看出什么吗？"我耐不住问。"小伙子，你最近的运气不太好呀！"假如运气好就不找你了。我真想把自己的坏心情一股脑地甩给她。"从你的手相来看……"老太太开始滔滔不绝地讲起来，她对我的不合作态度置之不理。她说了些什么，我当时大脑已是模糊一片。她好像说了明年的这个时候是我人生的一个转折点，在这之前我脚下的道路仍然是一片坎坷，最后她肯定地说我的前程相当辉煌。我花十元钱买到老太太一篇避凶就吉的祝词。我的心情有了些许的平静。

沿着林荫道继续往前走，在开满米黄色小花的树下，我又看到了那对弈的青年和老者。此时围观的人不多，青年和老者能够静守一盘棋，我走近他们身旁时，一盘棋正进入高潮，青年执红棋处于攻势，老者执黑棋静守不乱，这时青年正急于取胜，看错一步棋，竟将自己的车送入对方的马口里，形势急转直下，老者反守为攻，青年接连丢掉一炮一马，棋局已显明朗，青年输掉了这盘棋。

我继续向前走，米黄色小花已开始掉落，那花朵缓慢地从我眼前飘落在地面，像一只只断了翅膀的蝴蝶，我似乎听到了时间从我肩上滑落的声音，我脑海里又浮现出刚才那盘棋，那青年在攻势凌厉的时候会

1997年在南山图书馆

想到自己输掉这盘棋吗？正如人生中很多事是无法预料的一样，很多自认为有把握实现的梦想，转眼就成了空虚的幻影；很多自己鄙夷的事，有时竟然鬼使神差地去做了。比如说看相，命运的乖戾往往使人坠入罗网，然而人的命运真正是别人能够预测的吗？

  我手执一朵米黄色的小花走出了林荫道，炙热的太阳促使我加快了脚步（那时候的图书馆还有时任南山区委书记的题词——"文化南山"，刻在一块大石头上；那时候的南山文体中心，也不曾想到会完全拆掉重建，变成现在的样子；那时常兴路上也还没有现在的南山婚礼堂与"欢乐颂"这样的购物中心）……

布吉镇的黄昏

1997年8月，由于图书馆的物业管理承包给了专业的物业管理公司，我们这批保安员被替换掉了，这样我又汇入找工作的人潮中。在深圳的各大人才市场、大街小巷晾晒着自己的身影，在它的公交车上，在参差的商铺前，在它隐秘的某个工厂的内部，在某大厦的核心，在银行和书报亭的那个交叉路口，在立交桥巨大的震颤下，在红灯前，加深着对这座城市的了解。我徘徊、激越、惶然、昂扬……这所有的举止到后来都成了我诗的棱角、羽毛、眼睛、奔跑的腿、缄默的唇，以及心脏的搏击、血的——繁衍之地。

二十几天后，我找到了一份活儿，进去的时候说是做编辑，编一份小报。后来才知道，那所谓的小报仅仅是他们在街上派的产品宣传单，根本没什么编的，真正的目的是要我去推销产品。既然好不容易找到了一份活儿，那就试试吧，就这样，我成了一个与那些女孩子面对面的"女性用品直销员"。

我与一位江西的小伙子搭档，两人各背一包产品，满世界乱窜。我们的销售对象是那些在发廊、酒店以及各种娱乐场所、服务性行业上班的女孩子，当然也包括一少部分的家庭妇女。我们的主要进攻对象还是发廊，因为那里面女孩子多，那里面的女孩子都还比较"平易近人"。

那时候我们住在一个叫草埔的村子，距布吉镇（现在叫布吉街道）很近，所以经常往布吉镇跑，再说那时布吉的发廊也真是多，有两条街，一溜儿排过去，全是发廊。我的天呀，一到黄昏，那些女孩子成堆成堆地扎在那里，那景致真是"颇为壮观"。开始我面对那些女孩子说不出话来，不知道如何开口，江西小伙子比我老到一点，所以起初几天我只是给他当当配角。后来，我也就学着他的样子，装模作样地跟那些女孩子闲侃，我最好的销售业绩是一天卖出了4包，20盒。这工作干了一个月，我和江西小伙子都逃了，没钱赚，老板狡猾得很，是一个不成器的"小烂仔"。

这段生活虽然时间短，但真的让我受益匪浅，在后来漫长及更艰难的旅程中，我始终保持着积极向上的心态。我对人、人性以及自身的了解更加切实和具体。《阿莉》《布吉镇的黄昏》《在草埔》等诗作就是来自这段生活的积淀。

群居巴丁街

城市的黄昏，很难看到彩霞满天的景象。但如果是站在空中，倒过来看，那也许可以将灯火与霓虹当作地面的云彩。

我相信巴丁街的灯火是可以让站在空中的那个人看到的。在这条街上，有着忙碌的持烛者；在这条街上，富有的人与贫穷的人，有着几乎一致的寂寞。

人影浮动，暗香与汗液挟裹的尘埃拉长了一天中奇幻的临界。我喜欢这样的时刻，一个人坐在一家小店的门口，就着一瓶一块五毛钱的百事可乐，观望着南来北往的人。

冰冻可乐的气泡，从胃部一口口反冒出清凉的感受。每一张熟悉又陌生的面孔，匆匆的此刻——嗓子眼儿里的冰压住了火的舒缓——溶解的畅意……

此刻的幸福，由一瓶冰镇可乐和眼前缭乱的靓女带给了我。而更多的快乐则是在房屋的内部，在一幢出租楼的605室，在这里，我们的意志与忘我主宰了快乐。而我们被幻想、诗、纸牌、啤酒、越吹越大的牛皮、与艺术无关的行为、词语、色彩和游戏本身——无数次地、不断重复地覆盖与占有……

在这间一室一厅的房子里，有一块外面是水银色、里面是纯黑色的硕大的落地窗帘，窗帘的后面是我们像鱼缸里金鱼一样飘摆的身体与影子。我们能听到窗布的外面，黑漆漆又是喧闹的各种声音，比方说麻将的哗哗声、锅铲在锅里的铲击、楼道里的声音与一只狗格外凶狠的吠叫，还有一记耳光、童声、似乎是汽车撞到护栏上一样的声音，有时能听到一张床的吱吱呀呀很有节奏地在空气里回荡，这种声音总是像投入鱼缸的饵料，能引发出水纹和涟漪。

我们这些家伙，像躲在一行诗里的偷窥者，在胡侃了这座城市诸多便利与不便之后，兴奋地谈论起某个女人，谈论起她的身体、行走、发音和与某明星容易混淆的每个细节，以及某个人群中一闪而过的念头，我们坐在一张席地的床垫上，全然不顾在这似乎永远是杂乱的空间里产生的话语会被窗布之外的一只耳朵窃听。我们手里抓着纸牌，在一场始终无法分清输赢的"拖拉机大战"中互相砥砺和展延着各自有些古怪的个性。

我、彭天朗（这间屋子暂时的主人）、安石榴、潘漠子、黑光，我们成了这所出租屋聚居的常客，时常还有来自全国各地某个"大师"或者"知名诗人"客串进来——比如说江苏盐城人瓦兰，他用他特有的盐城口音、豪迈又自信绝对不用打草稿的牛皮和细线一样的眼睛参与到我们中间来；再比如浙江青年何家炜，他用他里尔克式的翻译体的忧郁、语调和隐迹在这城市里多年未见的女友的音讯为我们决定了第二天晚上约会和喝酒的去处；再比如成都青年又是新疆青年的胡未；再比如我们的老朋友余丛；再比如以"文化妖精"自比的传奇诗人海上；再比如那个喜欢向别人透露自己是刚从牢狱里出来在闯世界的家伙……

我们总是在打完一轮"拖拉机"时感觉到饥肠辘辘，于是伸缩一下慵倦的身体，站起来，嚷嚷着到楼下的排档吃宵夜。我们走到门外，引得七楼那只比真狗还敏感的电子狗一阵胡乱的吠叫，我们骂了一句"狗日的假狗！"，然后就像一队动画片中高低错落的伐木队员，在感应灯一层层的亮光中，走下楼去——我们并不知黎明将至，屋外细雨蒙蒙……

午夜游走

午夜的巴士站台通常上演的是一些吻别的镜头。多的时候可以看到四五对情侣，在同一个巴士站上，依着城市隐晦的灯光，紧紧相拥着，难以将缠绵从对方的怀里抽出来。这种告别像一种仪式让人感念。如果是单独的一对情侣，那种依依惜别，缠缠眷顾的形态看了则更让人心痒，平时拥挤狭小的站台，这时候却像一个空旷的舞台，在倾情演绎着恋爱的乡愁。无论是冬夜或夏夜，两个在站台上相贴着的身子的喁喁私语，总有着难以估量的对夜空的穿透力，即使一辆巴士刺耳的刹车、紧急的停靠也不能将其生硬地打断……

我坐在巴士上，通常是参加了一个聚会，有点微醺的感觉，这会儿要从市区赶回我那稍显偏僻的镇子里。我看到了巴士站台上的热吻，透过车窗玻璃，透过我自己的那份懈怠，感动得难以言说。我心里嘀咕着这样一些言辞："给你一个吻/再给你一个吻/再给你一个深深的长长的久久的吻/巴士载着它的音乐已开出很远/我在巴士上/不是那个与你接吻的人……"

我把我的吻献给了那群热爱喝酒与写诗的雄性公民，此刻他们仍然在巴丁街的巷子里，就着几碟小炒漫无边际地夜饮，东拉西扯，不知所云。此时的巴丁街，各式的身影仍在晃动，不见冷寂。灯火闪烁处卖花的儿童、弹琴的小孩仍在穿梭；劳务工们、车夫们将自己的身子摆放在四川面馆门前的邋遢凳子上，正等着一碗麻辣面条；捡垃圾的人专注地在街边一个垃圾箱里搜寻，在五分钟前，有一个与她年龄相仿、相貌相似、性别相反的人刚从那堆垃圾旁离开。多少次我和朋友们,手里拎着啤酒,在这街上走动。有时候我们从金塘街走到巴丁街,再走到南园路,然后再折回到巴丁街上。我们从一家家摆放着海鲜、蛇、叫不出名字的小野兽的酒楼门前走过;从那露宿在麦当劳门前台阶上黑糊糊的一团身影旁走过;走过一家家形色暧昧的发廊、洗足屋;一辆辆的士载走那些从酒吧里闪出来的靓丽躯体,而那些仍然在街边站立的女郎,她们目光里游移的张望,总是引起我们禁不住上去搭讪的愿望,多少次我们拉住这夜色里有着胭红指甲的手,想要探得她们身体里尖细的秘密。

而现在我告别了他们,告别了巴丁街,要回到我寄住的沙头角镇。我经过一个个在风中兀立、恋爱中的巴士站台回到镇上。昏黄的街灯依然亮着,一群喜欢飙车的少年聚集在我宿舍门前的那个街口。他们摩托车引擎的一阵阵轰鸣,将我身体里的酒精全然地蒸发。我了无睡意,关了门,再次走到街上,从街道两边婆娑的树影里走到我平时喜欢的那段海边,独自坐下来。那些"吻别"又在我的头脑里闪现,我的目光停留在海面,而在我身后,一台别墅里的彩电,好像也不愿就此孤独地睡去……

金塘街的相思

祈老汉在金塘街做着自己的营生已有三个年头。他和他的女儿拥有一个鞋摊，补鞋、擦鞋、给新鞋子上线，这些活计，在他手上平淡得就像喝稀饭、嚼馒头一样。我在金塘街居住的那段时间，与祈老汉聊过一些闲天，知道他是河南人，72岁。他的女儿，50岁了（但看起来才40出头的模样），长得高高大大，虎头虎脸的，外形上完全像个男人，与祈老汉并排坐着，挺起腰来，比祈老汉还高出半筷子。但她坐在祈老汉身边，却温驯得像只小狗，很是听话，祈老汉吩咐一样，她就做一样。祈老汉说："这孩子有点傻……"开始我并不会意祈老汉为何这样说，但后来，明白了。

祈老汉的女儿叫祈兰兰，在金塘街住上一两个月的人，都会知道的。因为祈老汉时常要"兰兰""兰兰"地叫喊。有时没活做的时候，兰兰就与对面潮州砂锅粥店、桂林米粉店老板的小孩子们一起玩，她们有时玩皮球，有时玩橡皮筋，但玩着玩着，十次有八次，兰兰总是要哭起来，因为小孩子不是把她当作了球靶子，就是把她当柱子用了，这时祈老汉就会把兰兰叫回来，坐守在身边。过一会儿，兰兰就又把她藏在工具箱里的一双鞋垫子拿出来扎，那上面已经密密麻麻地扎了很结实的纹路。

金塘街十几家发廊的洗头妹也都很熟悉兰兰。她们的高跟鞋、长筒鞋，还有一些脚上的行头时常要来光顾与帮衬一下祈老汉的鞋摊。这时候她们就会趁祈老汉忙活的劲儿与旁边的兰兰说些闲话。"兰兰，我给

在连州的旧厂房内，看连州国际摄影展（李政德 摄）

你介绍个男朋友好不？"兰兰说："不要。""怎么不要呢？""俺有爹爹。""你爹又不能给你生孩子。""俺不要孩子，俺自己还没长大呢。"这时洗头妹就哈哈笑起来，捧着个小肚子弯下腰来看祈老汉钉鞋子，一颗小钉子正专心地从祈老汉的拇指与食指间钻到她橘黄色的鞋腰子里。

  这样的父女俩通常在早上九点半就守坐在金塘街的那个街口，他们熟悉从这个街口行走过的各样的步履，熟悉那些鞋子上和脸上隐约的灰尘，甚至熟悉那摇着铃铛、翘着尾巴走过的狗。他们要一直到晚上十点，有时十点半才收拾行当打烊。祈老汉背着工具箱，手里拿着一些碎皮子，兰兰拎着补鞋机，父女俩一前一后缓缓地向自己租住的屋子走去。

在一些周末，祈老汉会有意收工早些，他的二儿子会从关外的布吉镇赶来看望。有一次，我还是去找他下象棋，老人正欲收拾碗筷，见我来了，硬要拉着我喝两杯，他说他的儿子刚走。我们喝着啤酒，其实老人已经喝得差不多了，他兴致很高地给我讲起他年轻的事儿，他说他十几岁开始在街头给人补鞋，中华人民共和国成立后进了鞋厂当工人……那晚我们喝到了快凌晨两点，兰兰在用布帘隔开的一张床上已睡得很沉（老人租住的屋子其实是一个铁柜子，是用一个货柜车车厢改做的，但房租加电费一个月也要近两百元），我记得那晚老人在不停地说，不停地，说了很多话——

老人的老伴是在十年前病逝的，"在以前兰兰更多是由老婆子照顾，自从老婆子走后，兰兰就与我相依为命了"。老人的大儿子，原来在老家开中巴，但被一场车祸夺了命。大儿子出事后，因为二儿子在这边打工，老人带着兰兰就来了深圳，重操起几十年前补鞋的手艺……

在半年前我回金塘街看过一次，但在那个街口已没有祈老汉埋头钉钉子的形影，那条闹热又寂寞的街上也没有了兰兰"咯咯咯"的笑声。我估摸着祈老汉是回了老家吧，因为他多次跟我说过："我终究是要回去的，终究是要回去的……"

在东门的人海中

我曾经有过三次逛东门的经历。

第一次在1997年岁末,我要返回家乡,为了给亲人带点礼物。那时候我丢了工作,寄居在田心村一个朋友的宿舍里。因为不用上班,所以有充足的时间,我记得我从田心村步行到东门,慢慢悠悠走了将近40分钟。我在东门转悠了大半天,一家家店铺看过去。在一家布料店里,我想起了好像在那时较为流行的一部电视连续剧《上海一家人》里的两句歌词——满目繁华何所依,绮罗散尽人独立。最后我觉得累了,在一家鞋店,仅给我爸妈各买了一双鞋子。我仍旧步行回去,在笋岗桥附近,我看到一个面容、头发、衣着邋遢的人,蹲在路边,脏污的手上捧着一个同样脏污的生地瓜,在啃……

第二次逛东门,我身边多了位女孩。那是2000年,秋天,深圳的太阳依然是灼热的,依然是喧闹和人流如织的东门,只是这回因为有一只相牵的手,我的心情有了改变。每一家店铺都打出大甩卖的字样,大纸牌写的价码眼花缭乱地贴在你的视力所能及的每一个位置,各家店铺播放的音乐几乎一致地让我感觉到腻味。但我陪着女友,依旧饶有兴致,在那人头攒动的虚脱热汗中穿行,我好像听到太阳光因人群的拥挤而发出的咔嚓嚓的声响,但这声响稍纵即逝,总是很快地被人的纷乱脚步与似乎总是处在汽车的叫嚣淹没与覆盖。

女友想买那种系在腰间的挎包,她像是衷情于西部牛仔的风度更胜于我。我们逛完了东门几乎所有有包出售的店铺。我们一人拿着一杯珍珠奶茶，从这一家转到那一家，中间在排档吃了个快餐，一直逛到下午三点，最后女友还是在我的游说下，返回到最初看的那家店买了曾经觉得还不错的一款。陪女友逛了大半天，我觉得也应该让女友陪我逛一下，因此就带她进了那儿的博雅书店，以前也还有几次一个人来东门，大多都是直奔这家书店的，这次终于跨出了一步，是两个人来逛书店了，心里也是有荣耀的……如今回想起来，东门真正给我留下怀念的也就是这家书店了。

女友是湛江人，那阵子因为我被从单位抽调去搞人口普查，认识了她，真是不凑巧就凑缘，我们负责同一个片区的人口普查工作。记得我们一见面，就感觉到很是熟悉，完全没有陌生感。第一天下班，我们顺路一起回各自的住处，相互说话，像老朋友一样，说起各自住哪里，原来住的地方相距不到500米远，我推着单车，她步行，有说有笑，正好经过一个菜市场，她突然说，我们去买菜吧，去我那里，我做饭给你吃。我自然高兴，就去买菜。她买了冬瓜、玉米、排骨，我买了半只烧鸭，然后我捎着她回到她住的宿舍。再然后，我们就两个人在一起吃了第一餐饭，再再然后，我们就拍上了拖，那真是一段上班、拍拖两不误的日子。但正如俗话说"好景不常在"，在逛了东门一个半月后，人口普查也结束了，女友因一时找不到工作，在年底回了老家，后来就听说结婚了……

第三次逛东门，是2001年夏天的一个日子，因为又结识了一位女友。这次陪女友着重逛的是茂业百货，因为女友想买衣服，我们就在各式女装店晃来晃去，和自己喜欢的人逛商店，其实心情也是愉悦的，如果不是囊中过于羞涩的话，完全可以放开步子，优哉游哉地享受那售货小姐的热情与笑脸。女友在一家店里看上了一款标价2500元的晚礼服，后来讲价到800元，这800元那时差不多是我半个月的工资了，但既然女友十分喜欢我也就没有话说，很豪气地，充当了一次买单的好手。但之后还不到半个月，我们就宣布分手了。

逛了三次东门，丢了两次女友，看来东门是不适宜我这样的人前往的。在那人海中，在那满目流光溢彩的物质面前，在那繁闹的生活幕布下，人走着走着就会走丢的，就会走到一个你永远寻不着的地方，只留给你独个儿的空空的惆怅——

"去年今日东门东，鲜妆辉映桃花红。桃花红，吹开吹落，一任东风。"这词中的东门肯定不是我记忆中的东门。今日深圳的东门，虽然没有桃花，但那满街行走的香腮粉黛，堪与桃花有得一比。人面桃花相映红，如今只是我的人面不在，桃花不再，东风（东门吹来的风）要笑，也只能笑我的背影……

在夜晚的蔡屋围天桥上

蔡屋围天桥

有一段时间我每天都从蔡屋围人行天桥上面走过，背着个大黑包，从地王大厦这一边走到深圳书城那一边，从书城这一边又走到地王大厦那一边。我相信我这样叙述，每一个在深圳或在深圳待过的人都会领会我的意思，因为也许他们都曾经从这桥上走过。或许还有其中一两位看见过一个黑瘦、中等个、脸上蒙着一层汗湿了的灰尘、头发稀疏且乱乱地耷拉着的背包人，那就是我。当然像我这样模样的人深圳有很多，有经验的"老深圳"马上可以做出两种推断：这是个糟糕的推销员，或者这是个正在找工作的人。

你不得不佩服"老深圳"们的眼力，我就是其中的一种，或者二者兼具的人。我从笋岗路的人才市场坐18路公共汽车到解放路口或者宝安南下车。在解放路口下车我就落在了地王大厦一边，在宝安南下车我就到达深圳书城一边，然后无论我到哪一方去都要经过蔡屋围天桥。很多时候我都是匆匆从天桥上踏过，有时我停下脚步，在天桥中心位置站立一下，打量四周，这种情况一般是在下午和黄昏。

我进过一两次天桥北面的地王大厦，我进去不想干什么，只是因为好奇。我从北门进去，在里面转上一圈，然后从南门出来，在里面待了不到十分钟，当我拉开南面的玻璃门走出来，站在广场中仰望它高大的躯体，我感觉我是多么小，似乎这庞然大物就要向我倾塌下来——

我几乎是拔腿飞跑着到了天桥上，然后喘着粗气站定下来。还好，地王依然像个玉帝的守门人一样耸立在那里，倾塌的情景只是我头脑里刹那的幻觉。

我一级级拾着天桥上磨损得残旧的台阶走下来,经过那些行乞者、小摊贩们、假证件兜售者的目光,停留在书城里。有三分之二的次数我从天桥上走过就是为了到书城看书,在这里我可以待上整整一天,假如不是因为肚子饿或别的事情,我会忘记自己是一个没有工作的人。我坐在一个角落里翻阅一本好书,要知道一本好书是多么地珍贵。每次我看到那些推着小车成捆成堆买书的人,我就感到特别生气,我总觉得那些人根本就分不清好书与坏书。他们推着一车书,从这边转到那边,然后随意地将它们推到付款机前……我一直固执地认为买好书一次只能买一本。

我又来到了蔡屋围天桥上,在城市漂浮的夜色中,看着一辆辆汽车从桥下流过。有一次我在天桥上站了半小时,看着那些待在天桥上和从桥上匆匆走过的人:两个行乞者,一个老头,还有个年青人断掉了双腿;卖笔的仍然在那个位置,与卖甘蔗、菠萝的相距两尺远;两个兜售假证件的分别站在天桥的两端,他们向过往的人散传卡片。有一个女孩买了一块菠萝,她边吃边走下了天桥,又有两个人来买甘蔗,卖甘蔗的人脚边已堆上一层甘蔗皮。从书城的一边走来一男一女,他们相携着穿过卖报纸的人和等公交车的人,一步步走到天桥上来。女的40岁左右,穿得时尚、体面,在走过行乞者面前时,她往他们的盆里各扔了一枚硬币。老头不停点头,一声脆响,给他的硬币正好落在盆子里。但给年青人的那枚硬币却从盆里跳了出来,青年的断腿在天桥上抖动了一下,他努力想抓住那枚硬币——硬币滚到桥下公路上去了。那一男一女没有回头,男的在用手机说话,他们一直走到地王大厦前——消失了。五分钟后,我也消失在深圳的夜色里……

恋恋风尘蔡屋围

曾经在汽车上看到过一个叫"天堂围"的地名,像是在关外的某地,究竟是在宝安还是在龙岗呢?真的,难以回想——多年前,刚来深圳,找工不怕路途远。或许是在一辆颠簸前行的中巴上(或许是拥挤得直想将脑袋探到窗外去的一辆大巴上),暮色已经起来,下着潇潇微雨,在路边的隐约霓虹中,我看到了这样三个字——天堂围。当时就感觉这真是美得让人伤心的三个字,心里念想,如果今后写小说,这定是小说中我生活的地点。以至后来,每次坐车从深南大道蔡屋围人行天桥下经过,都要想起这三个字。这样的次数多了,有时不免就疑惑起来,"天堂围",真的有这样一个地方吗?它会不会是梦中的一个场景,完全出自我自己有些怪癖的梦中的演绎与虚构。或许,可能吧,它仅仅是我个人有关蔡屋围这样一个真实地名的别称——

蔡屋围或者天堂围,多少年以后,它们在我的记忆中会越来越接近,会等同于一个记忆的铁环(它向前滚动的跫音渐渐微弱却愈发逼真)。它仍然能够在我心里呈现的生活片断与记忆游丝,就像路过深南大道时看到的深圳大剧院露天舞台上的演出,影影绰绰,若有若无,只剩下单个的动作,像木桩深扎在水池里;阳光透过那些大厦的玻璃投射到我脸上时,变得稀薄,像一团灼热的雾对一只猫的包裹,我对于自己在蔡屋围一带街头的出现,感觉是一只猫在白天与黑夜的替换,在白天是一只白猫,在夜晚是一只黑猫。当记忆的涟漪荡起生活真实的波纹,我的清醒状态让我觉得蔡屋围的每一条街道都能将我或者我同类的足音

站在蔡屋围天桥上往东看，深南大道路上的车流

辨认。

譬如说红宝路，这个活生生的人间舞台，就曾将我一位朋友对初恋的一份向往蓄养着，记得我有一首诗叫《红宝路2号》，写的就是朋友的这档子事。在《红宝路2号》，这个诗意的蕴含着无限可能的标题里，我的朋友想要等待的那一声处女般的尖叫始终没有来临，直到《红宝路2号》的女主角漂洋过海去了澳大利亚，与可爱的袋鼠为邻。在红宝路，究竟有多少外省的妹妹，将情感与身体的毛料丢入火炉里炙烤，并接受生活的坚硬的铁锤的锤打；在红宝路，我朋友时常在发廊妹笑靥里出现的身影，就像他时常挂在嘴边的"寻找初恋"的句子，让缠缠绕绕的生活，更显模棱两可……

在地王大厦后面的解放路上，曾经有一家不起眼的小餐馆，在那里面，我和另三位朋友一同进过午餐，并见证了一对恋人的分手。这对恋人都是朋友，可现在均已不知去向，就像今天的蔡围屋不知道我的消息一样，我所有曾经在它的"围拢"里滞留的生活，也只能作为芸芸众生千万外乡人中的谜面之一；谜底，也许只能用我们各自不停辗转的脚步，在内心里揭晓。

深圳书城以及位于它后面的米粉店、咖啡馆，曾经是我和朋友们时常约会的地点，那里面有我的欢欣，有我在朋友面前顽皮的喧闹，同样也有焦躁的等待和莫名的伤感。一个人坐在咖啡馆里，看着玻璃外面的倾盆大雨，我在服务员递过来的小单子上写下过这样的句子："苦闷的时光/选择去当边防军/守住决堤的蚁穴/守住365度旋转……"；我时常幻想我和女友牵着手从书城里走出来，走到没有拥挤的青稞般明亮的光照里。然而，在摩肩接踵的蔡屋围，在这天堂般的鸟笼里，我只是拎着自己在行走，我想要守住的，却是我已经放弃的。

曾在一张报纸上看到，说蔡屋围的先人是一个善于养鸭子的人，并且因为如此，有了一段美好的爱情故事，这让我想起威廉·布莱克的一首只有两行的诗"伟大的事业建树于人与群山相会的时候/这是大街上的拥挤所不能造就的"（《伟大的事业》）。而我，作为逗留过那片土地上的一个游子，所能想到的"伟大的事业"，是在雨水过后闻到的一个少女发际的润湿与淡淡香波，和一段不知所终的跟踪与尾随、悬空的脸红心跳……

2005年，在《南方都市报》，我曾策划过一个"深圳文化地理"的版面，其中一期便是采写蔡屋围。我在蔡屋围的握手楼间探寻，突然一座坟跳入眼前，令我吃惊不小。在城中村，它就像一个被房子围筑出的心腔，令我呼吸到此地的奇异。那是当地村民蔡家人某位祖先的坟，是不是那位养鸭子的先人呢？无从查证。

一个公园的快照

从某种意义上来讲，深圳的40年就是一张快照。在20世纪90年代，照快相的人曾遍布深圳所有的旅游景点。世界之窗、锦绣中华、香蜜湖、海上世界……如今，因为相机与带有拍照功能的手机的普及，这一行业几近消逝。深圳的一些景点也已物是人非，变成了一个纯粹意义上的地名，比如香蜜湖与海上世界。

至今，当我穿过荔枝公园，步行至园中一座月牙拱形天桥前时，仍能遇到三三两两手拿一长串放大了的过胶相片，问你要不要照相的人。那些照片上的人都是从这一角度，脸上洋溢着笑，与深圳地标性建筑地王大厦（如今地标性建筑变成了更高层的京基100）合为记忆与风景。

照相的人，会告诉你，从此桥的位置与地王大厦合影是最好的角度。有湖水，有翠绿茂盛的南国植物，有仿古的小桥，更有现代化的摩天大楼、巨大的玻璃，当一个游客（也可能是在深圳的打工者）置身于其中，照相者的快门一闪，便完成了一幅标准纪念照。

它有着温暖与明快的色调，也有着这个城市的标志性元素，更重要的是它看起来游离于你紧迫的加班加点的日常生活。它是一种闲暇的写照。它虽然不具有什么精神高度，但确实有一种精神性，一种试图与这个城市融为一体的喜悦与冲动，即便这种融合是片刻的、单向的。

有一次，在京基100的90多层，我在酒店的一个房间里，俯瞰公园与画像，我发现无数个我，从公园的不同时间里走出来，汇集到此刻，变成一个不动的黑点——

荔枝公园内，行人与京基100的倒影（徐文阁 摄）

我已记不清最后一次出现在荔枝公园的具体时间了。我曾经和不同的人在不同的时间以不同的心境中来过这座公园，也曾经独自在公园的荔枝湖边流连与徘徊。但我可以肯定的是，那些我走过的石径上的足迹，即使用世界上最先进的摄像机也拍不出来了；与我在公园里有过最亲密接触的人，来到这里，对我的气味与空气中飘忽的影像也已无从寻找，时间中的雨水将我留在公园里的蛛丝马迹，已经毫不留情地擦去。唯一能从公园里找回我往昔点滴的人，除了此刻坐在电脑前抽烟的我，肯定不会有另一个人。

我在这座公园里，发表过我的诗作，在我找工作的疲惫旅途中，我曾来到公园里休憩，通过观察写下了这首即兴的《漂亮的城市有让人快乐的公园》：

树的快乐是花的快乐
亭子的快乐是那只船的快乐
公园里的船，城市里的人让它快乐
让它快乐，让男人像男人一样快乐

打球，打着一棍子阳光
那么好的天气在蹶着的屁股上小憩
女人和孩子，太极和红扇
集中的和平让城市快乐

我穿过公园中央
亭子、湖水和点燃的灯火
我坐草地上，坐着黑油油的快乐
将剩下的快乐：五块钱

分给五个乞讨的小孩
——《漂亮的城市有让人快乐的公园》

我将这首诗抄在一张信笺上,再将它叠成一条小纸船,放到荔枝湖里。我用手激荡起波纹,一直看着我的纸船渐渐漂远。

后来在这座公园里,我接待过从安徽来的诗友祝凤鸣。祝凤鸣高大英俊,他走在潘漠子、方汉君及我中间,在荔枝公园的林荫当中,我们三个小个子都成了他伟岸身材的陪衬。凤鸣说话风趣幽默,听他说话,同样有一种被清凉的风吹拂面颊的愉悦。我们在荔枝湖边的高谈阔论,让坐在近旁的两位漂亮女孩像害羞的小鸟一样躲到了枝头的后面。

2000年的中秋夜,在这座公园里,我同样感受到了朋友之间的真挚情谊。我、彭天朗、黑光、黄俊华等文朋诗友,在巴丁街的一个餐厅畅饮了一番之后,携带着月饼来公园赏月。我们这些在异乡的寂寞的兄弟戏称这是到人民中间来,与人民一起欢度中秋。呵呵。可惜天公不作美,我们等了许久不见月亮出来,倒是飘过来一阵骤雨,欢快祥和的公园好一阵喧哗慌乱,大家都争相着抱头躲雨去了。但那夜,我们最终还是看到了月亮,月亮从云层里探出头来瞧我们的时候,我正将双脚伸到荔枝湖里戏水,彭天朗他们还在嚼着月饼。

再后来,我陪同我在深圳结识的姐姐和她的女儿一起来逛过公园。小孩子的顽皮、好奇以及她对我的信任与姐姐的贤淑淳厚细致,让我感受到两个极向的关爱,这同样是我在异乡孤寂旅途上的莫大慰藉。

再再后来,我结识了女友,我们相拥在荔枝湖边接吻,抚摸着彼此温热的身体,感受着这城市喧闹之中,温柔与宁馨的一个个瞬间与片刻。四周的公路与高楼将公园围成一个不规则的绿色蚕茧,我愿意,我在内心不停地说着愿意,愿意与自己心爱的人,就在这茧里缠绕着蛹化。

公园里起伏的、不规则的呼吸，让我们的肺成了开阔的爱的声音的扩音器。如果说我在这里体验到的友情、亲情与爱情是一条分数线，那么公园（包括它动与静的一切物象）就是分子，在公园休憩与游玩的人相加成了分母。这分母是流动的、绵延的，甚至可以说是无限制的，作为分母的一个组成，我愿意自己变小，再变小（像一个婴儿在母亲的怀抱里），而让公园显得大一些，有着宽广的空间和绿色来接纳这个城市的躁动与嘈杂，从而实现它价值的最大化——

天下的公园大抵上有着相同的构置：花草树木、楼阁亭台、顽石静水、流连人群；也大抵奔着相同的旨趣，为了市民的身心愉悦。一个人如果常有时间待在公园里，在我觉得，无疑这是一个幸福的人，无论他是出于何种需要待在公园里。总之，公园的构造与环境，给他提供了一面镜子，他可以用这面镜子来梳理自己，他的身体、他的心情、他的心灵、他无限广阔的过去与未来的连接——

曾经有两年时间，我几乎每天都从这公园里穿过，那时我刚进入媒体做记者，办公室在上步中路，我租住在红桂路的一个军区大院，荔枝公园正是上步路与红岭路的中间地带，从住处步行到报社十五分钟左右，我时常在办公室写稿至深夜，有时写到凌晨四五点（我曾有两首诗《凌晨4点的夜雨中》《凌晨5点的图书馆》，便是这深夜里行走的记录），然后从公园里穿过，回到住处，洗个澡，倒头睡到中午。

人才市场指南

我曾经想要编一本《深圳人才市场指南》，好让那些初来乍到深圳的人才们对深圳的人才市场有个预期的了解。第一章就叫"初探人才市场的两种准备"，告诉那些远道而来，特别是第一次来的求职者，应当带着怎样的身体状态与心理准备——上战场。

当然，编书的事最终没有付诸行动，但我相信这样一本书肯定有市场，因为无论何时（当然是人才市场营业的日子），只要你站在宝安北路人才市场站稍待一会儿，你就能看到涌动而来，在那路面上来来往往，像觅食的蚂蚁一样列队而行的人，这些人十有八九是奔人才市场找工作的。那么多的人，都往一个不足千平方米（估计数字）的水泥笼子里钻，当然，那水泥笼子坚固得不会爆炸，但进去的人大体上都会感到晕一晕的。

我就是因为那几年去人才市场的次数多了些，所以至今还落下个"晕人"的毛病，见不得人多的场面，也听不得喧嚣的景致，所以我说上人才市场，那真的是上战场，是去打肉搏战，是去"拼刺刀"。至于能不能戴上花环，找到一份好的工作，那就要看各自的造化了。

记得我这个老实巴交的乡下人，在这人才市场高悬着的电子显示屏下，仰着脖子看招工信息的次数，应该不会少于三十次吧（我估计我现在再去人才市场，那里守门的保安，如果还是那个保安的话，不用多么仔细地瞧，就会记起来，"哦，这个人，以前来过好多次的嘛！"）。那时候进人才市场的"门票"是五块钱。五块钱，你买一张表，这张表既是你可填写交给用人单位的资料表，也是进出市场的凭证，这张表当门票用，可以使用两次。穿白衬衫打黑领带的守门员手里都拿着把剪刀，第一次进去，他给你剪掉表的左上角，第二次进去，他再剪掉右上角。好了，表的两个角剪掉过后，你要是还没有在市场里找到合适的主，将表递出去，那你就当这一天是游了个泡头，沾了点深圳的喜气。所以我通常是站在电子屏前，"现场直脖"个十几分钟，看完当天的招聘信息，瞧准了有没有适合自己的待招岗位，才买票进去。要想到这五块钱就是一天的伙食费，而又拿不准那信息对自己确切有用时，我就会在门口，犹豫上好一阵子。

进得市场，就可看到用A、B、C、D、E等字母标识的几条笔直的档位，每个档位又隔成三十到四十个摊位，各个要招兵买马的公司就都在自己的摊位上，贴上自己公司的宣传简介，写着自己公司空缺的位子（你乍一看觉得那位置还真是为你准备的呢），有些还搬出准备好的电脑等设备，来播放、展示自己公司的风采。人多时，在里面胳膊擦胳膊，屁股挤屁股的，而且还要手举资料，防着这防着那，一边要应付那刁钻狠毒目光的审视与询问，一边要挺住身后推推搡搡的人群，真是没有乡下赶集来得有乐趣。

我遇到过两次，当我在其中一摊位前递资料时，对面的摊位竟给人挤爆了，摊位架子发出一声巨大的嘎吱——裂开了。真是猛烈的人才！人才市场的保安赶过来维持秩序也无济于事，人太多，像一个水桶里簇拥的鱼苗一样，在做一种集体的摆动，在还没有找到一个供自己独立活动的水池之前，他们的疯狂好像是被风吹来，是有理由的。还有一次，我感觉自己的腰被人挠了下。自己往腰上一摸，BP机不见了，那时候用手机的还少，BP机是重要的通信工具，在那一刻，瞪着小眼睛，扫视四周每一张面孔，感觉谁都像是拿了你东西的人。真是"晕"，工作尚未有着落，倒是为里面的小偷献了一回爱心。

当然，在里面，好玩的事也是见过的。比如一个眉清目秀的女孩子，跟外资公司来招聘的蓝眼睛人叽哩呱啦讲流利的英语，那女孩说得眉毛一跳一跳的，看那蓝眼睛里要流出口水的样子，真觉得可口可乐，无疑，这女孩大概要交好运了。当时，恨不得自己也能说出一口让人垂涎的英语来啊。当初爱逃学，现在做不了好战士，只能从战场上溃逃了。

OK！花环属于有准备的人。

随书进城，涉过岁月雷池

深圳书城，始终是一个让我留恋的去处。

理由有三。一、自己是一个好书如好色的男人。二、在无聊的"太阳发着高烧"的日子，这城里再没有一个比书城更好更凉快的去处。三、有一天，在书城的书架上，看到了自己的书，这经年累月与自己的相逢，得意之情与心下窃喜，相忘于人头攒动的喧嚷里。

先来说第一点，我的"好色"经历。

一般情况下，我觉得男人好色或女人好色都是天经地义的一件事。色在当今社会，内容已经扩展和丰富，因此色即为人之所好，是理所当然的，是另一种形式的社会进步与发展。书城的色，真可谓五颜六色，琳琅满目，而且每一样色，只要你走进去，它都会让你产生"色得有理"之感。语言文字集结成的城墙，那一架架令你唏嘘扼腕、时而欢欣时而哀愁、时而如履薄冰、时而如坐云端的书，就是书城之色。

我的"好色"经历，是从深圳书城开张那天开始的。记得我来深圳时，书城还在建设中，那时候坐公共汽车经过深南路，从车窗抬头看着书城的脚手架，心里就在念着它能够早日开业。那时我有个老乡在书城左边的小区里（一个小山包，与书城只有一个院墙之隔，小区在1999年已经拆掉，变成了现在的万象城）当保安，书城开业不久，我因换工作，没地方住，就寄住在老乡的宿舍里。那段时间，我上午去人才市场找工作，下午没事就到书城转悠，逮着一本书，倚在角落里津津有味地读起来，内心的那点颠沛流离之感就挥之而去了，取而代之的是充实和愉悦，因了这有彩有色的书籍的滋养。那段日子，真可谓我青春路途上美好的输氧期之一。后来，我找到工作，再来书城就要坐上差不多40分钟公共汽车，但每到周末，我仍是风雨无阻地来，先到书城猎艳夺色一番，再去老乡那里蹭一顿饭吃，这几乎成了我1998年至1999年上半年在深圳的最大乐趣之一。

再来补充第二点，"色"时常在心里的凝固。

深圳的热天很长，这是无须赘言的。因此对书城充足的、凉爽的空调的体会，同样是令我对深圳书城产生美好印象的因由之一。从太阳底下往书城门口一站，一股阴凉气息就会扑面而来，尽管是人头拥挤，仍然会有瞬间的神清气爽之感。空调开得足，这说明店主不吝啬，是个大方人。

深圳书城算是深圳十分热闹的场所之一，特别是周末或者有某某名人签名售书的日子。我对这档子事倒是不热心，如果是凑巧碰上，最多也就是站在三楼的栏杆边看看热闹。名人的现场，总是让我有一种望而却步之感。我始终觉得，如果读书人是为了打发寂寞与无聊，那就尽管钻在书里好了，写书人要跳出来参与这种阅读的清净，这总有一种一块热铁丢入清水里时滋生的不尴不尬……

但书城确实也成了我们时代的一个舞台，它承担的表演，在我个人的感觉，就像钟表的指针让我看见同一时间的三个不同指向，时针代表作者的写作状态，分针代表一本书走向书架、立在书架上的状态，秒针代表的是一个阅读者翻阅书本时的手指（快速或轻微的），唯有这三个指针的明确重叠，时间才清晰地在阅读者的内心闪现，像手臂上的"蚯蚓"。

第三点感受，具体得就像童年时抚触和玩耍着的故乡河里清澈见底的河水，从我的膝盖缓慢而又迅速地漫上了额头。我感觉到，我的心跳是强劲有力的，以及那种在水里的可以画出来的响动——咚、咚、咚——

　　我一次一次在书城的人群里出现,一个周末,两个周末,三个周末,我从书架上抽出一本书来,翻了翻,再放回去。我再抽出一本,这时猛然从书缝里,看到对面书架前一双清秀诱人的少女的眼……真是岁月如刻刀,刀刀催人老——

　　仿佛一下子,我变成了一个上山采集药材的老人。我采撷了百草上的露珠,终于在一棵灵芝羞涩般潮红的彩霞里,与自己相逢了,我看见自己的名字出现在一本书的书脊与封面上,在灵芝样的少女的眼里,我踌躇、徘徊,找不到合适的言语……

在高交会上

高交会——这是一个充满隐喻的词语，作为现代生活中的一个代名词，就像我们世俗生活的一张面膜，覆盖在我们脸上。当然，这张脸并不真是我们的脸，而是城市、市场经济、技术化、产业化、数字化等现代名字的一种组合。当这张面膜揭开，当你置身会展现场，你会觉得这张脸其实也就是我们的脸，在我们脖子上，作为人的头脑的外部特征，它光鲜、兴奋，好像是登上了新生活特别快车似的，在人海里游动。

是的，人海。每一个置身于高交会（它的全称是"中国国际高新技术成果交易会"，深圳高交会馆曾就在深南大道边上，建成于1999年，拆迁于2006年，在那里举办过七届高交会，如果我没记错的话，就是现在新的证券交易所的位置。2000年，深圳高交会馆曾作为深圳改革开放的标志性成果出现在一套"深圳经济特区"邮票中）现场的人都会有这种感受。

自己的个头好像始终不够高，巴不得接上一对高跷，能够浮出人头的水面；眼睛也不够用了，耳、鼻子也失去了往日的灵敏，不能观六路听八方，更别说会嗅到与你一同牵手进来的那个人的足迹了。各种宣传产品的声音、各种声音的模拟在耳边响着，各个摊位似乎都让你眼花缭乱，搞宣传的女孩各出奇招，穿得像闪电，象征着新人类、E时代。有的头发染成金狮毛，有的头发红得像秋天田埂上的野火（能让乡下的奶奶刺激出心脏病），走近了瞧，贴身看，原来戴的是假发。

每个摊位都有人在派送：宣传资料，产品简介，印有自己公司名称、品牌的手提袋——纸袋、胶袋，中号的、大号的、特大的。聪明的看客就将特大的跨在肩上，里面套大号的，大号的再套中号的，再里面又是别的商家派发的小纪念品。移到另一个展位前，又有小姐甜美的声音在那演讲，鼓动加上吃喝，然后你就禁不住拿了人家的礼品——一个鼠标，因为答案人家已告诉你，偌大的电子显示屏，在你眼前，你夺过话筒读出来……呀，这比乡下赶集可强多了，好看、新奇、有趣，还有礼品拿。A、B、C、D、E、F六个展区，从高处俯看，像一个水盆子里涌满了鱼苗……

再让我们来看看这些诱导着鱼苗蜂拥而至的香料与诱饵吧。各类品牌机；各款手机（各商家花样百出，比造型、比功能、比服务小姐）；超薄家庭影院（银灰色，流线型，画面逼真得让你流口水）；先进的生产设备、机械、仪器（据说相当精密）；车子（一出钱似乎就可把旁边窈窕的模特儿一起带走的车子）；生化类的各类药品；能让你意想不到似乎相当方便的日用品；还有各类莫名其妙的东西。

显而易见，这里的一切都是要让你的生活显得更加舒适、更加快捷、更加灿烂，所以在这里电子通信类产品占据了主导地位；在这里，机器人要比人类自身，显得更机敏、更智慧、更理智也更幽默。总之，高科技生活就是这样对我们形成了引诱——我们的生活，我们的生、老、病、死，我们的爱情、我们的无聊、我们的欢愉，似乎都能在这里找到相应的程序、对应的符码。

高交会其实也早已是一个符码，在它下面也许可以涵盖这样一些时髦的词语：21世纪、现代经济、国际资本市场、通路建设与品牌建设、高品质生活。通过这条并不算秘密的通道，我们可以窥见唯技术时代的物质主张。好看是好看，新奇是新奇，热闹是热闹，但有时不免会从这热闹里生出点别样的动静。比方说，有人突然惊呼，我的手机呢？我的手机不见了，谁偷了我的手机？熙熙攘攘的人流中没有一张面庞显示出

在高交会上，会画像的机器人

来，谁会是拿了你手机的人。过不了十几分钟，旁边展位一工作人员的手机也不翼而飞。

2001年，第三届高交会举办，我不在现场，有同事去看了，听说票相当紧张，根本买不到，看来人们对高科技生活确实趋之若鹜。因此，我在家里闭门造车写了一首《高科技生活探秘》，不妨摘录如下：

当我站在她面前
我并不知道我要说什么
在深圳高交会的西展厅
每一位前来观展的市民
都要兴味盎然地与
摆在展厅中央的"宠儿"2001
聊上两句

这玩意儿真逗

会说"段子"
会帮你分析人生走势
还会教你练书法
据说她还有800种功能
来满足你生活
各种不同层次的需要

一个人只能提一个问题
我要珍惜这次机会
排在我身后的人都在催我
你快说呀，别傻站着

我憋了半天，脸胀得通红
我说：宠儿，你能帮我生儿子吗？
宠儿回答：没问题，小傻瓜
你抱我回家，立马为你
生个克林顿
——《高科技生活探秘》

一首想象的游戏之作，言词中游刃的是我作为一个乡下人的好奇与乖戾。

2002年10月，第四届高交会，我作为一家参展商的工作人员之一，置身现场——这别样的表演着的嘈杂的城中集市，我确实被这不间断潮涌般的人流所震慑，有着刘姥姥一样的"心中的疑惑"、不知所措与眩晕，所以一不留神，我也成了其中丢手机的人。

流浪的吹鼓手

有五六次我走在深圳街头碰见过他们，两个中年男子，脸黑瘦，坐在地上，一个吹唢呐，一个吹笙。唢呐的声音高亢、悠扬，笙的声音哀怨，甚至有点凄凉。在看到他们人之前，这声音就"先声夺人"了。其实我在约50米开外的地方就看到这两个"发声器"了，我不愿走到他们身边去，因为我没有钱给他们。我站在能看到他们的地方听上五六分钟，然后再继续走我的路。

第一次见到他们是我刚来深圳的时候，在火车站附近，上午九点多。我下了火车，头遭踏上深圳这方"热土"，衣服穿得有点多了，像个小乡巴佬儿。满头大汗的我走出隧道，感受到南方阳光特有的温暖，站在隧道口把背上的行李放下，正要给老乡打电话，这时我听到了"唢呐与笙的合奏"，吹的是《生活像一团麻》的那首歌。我好生惊奇。待我打完电话按老乡指示去坐2路公共汽车时又看到他们，那应该是我与他们距离最近的一次。我的一双鞋子有那么几秒钟就从他们的眼皮底下擦了过去，与他们褴褛的衣饰相映成趣。但他们似乎没有看我，神态自若地吹奏着，身体前后左右地摇摆，显得极其夸张。在我看到他们面前的一块红布上丢着些杂乱的人民币时，我踌躇了一下，然后走了过去。我至少回头望了他们三次，在我要上公共汽车的时候，我又远远地看了他们一眼，没想到他们的形象，在以后竟然会不断地闯入我的生活。

半年后我又见到了他们。我丢了工作，得重新找，因此奔波于人才市场及大街小巷。我站在门诊部旁边的天桥上，看到他们在过火车的桥下的阴凉处演奏，身体仍然像波浪一样摆动，很投入，那声音如泣如诉。我看不清他们的目光，也不知道他们是否会交上好运。有一次我听到他们说话了，那是我在另一次找工作的过程中。他们坐在深南中路中间段路边的一个草坪上，已近黄昏，我坐在草坪的另一端听他们演奏。我疲倦的身心正要融入这都市车流中的天籁里，但演奏突然中断了。我望过去，他们说着话（听他们的口音，是河南人），收拾起面前的东西，匆匆地转入一条街巷，后来两名巡警从我面前走了过去……

  我在每一个地方做的时间都不是很久，巧的是每一次寻工的过程几乎都能碰上他们一次。前不久我坐在公共汽车上，在友谊城附近又看到他们。这么多年了，他们一直都待在这座城市，我想他们转移、搬迁自己的次数一定比我多得多。我不知道他们都是怎么过来的，在某个夜里我会突然想起他们来，我感觉他们的"声音"已经成为深圳空气的一部分。我想起在远处观望他们，倾听他们演奏的那些时刻，看着他们我心里总会翻滚起诸多感触。生存的艰难，并没有使他们的心麻木与疲软，通过手中的乐器，与生活对话，"一根竹节，只有被凿出几个伤口，才能成为笛子"。这两个吹鼓手，甚至让人感到他们的生存，是简单而快乐的。每次听他们演奏都能消除许多疲惫，增添些许勇气，但我却不曾给予他们什么，除了一线几乎与他们相同的目光。

  有时，我又感到他们要比我幸运，因为他们能够"并肩作战"，而我只能"单枪匹马"。特别是夜深人静时，我觉得在这个都市里，我是最孤独的一个。我只有拿起笔，成为自己的一个"吹鼓手"，一个心灵的"吹鼓手"，我要用我的诗行与文字去鼓舞那些苦难的灵魂，像他们那样。是的，一个孤独的战士将永远孤独下去，一个流浪的人将永远流浪，但他不会低下头来。我相信会与他们再次相遇，在深圳街头。那时我是不是应该走过去，与他们握手，问他们的名字或者告诉他们我是谁？

"千禧之旅"

当我站在深南大道旁一幢30层大厦的楼顶，看到在深南大道上流动的汽车，我想到"穿梭"这个词，当"穿梭"这个词在我头脑里形成丝丝凉风吹拂的感觉，我眼前浮现的是一位束着高高发髻的少妇端坐在织布机前织布的情景，那梭状滑溜的梭子在织布机上的不停来回——

昔日的梭子，来来回回间，在我眼前变作了汽车，织布的人也在云端隐去。她脸颊的羞涩和酒窝里灿烂的笑容，转眼间成了火辣辣的太阳光照，而展现在眼前的布匹，好似一幅城市建设的野炊图，热火朝天中，似乎也有一份我的，想象的锦绣前程。

这前程的起点就是深南大道。仍然清楚地记得自己独自背着行囊，在这路上踽踽行走的情形，在一个有月亮的晚上，在这路上的无目的徘徊。心里哼的是一首上初中时就爱唱的歌：走四方，路迢迢，水茫茫，密密麻麻一村又一庄；看夕阳，落下去，又回来，地不老，天不荒，岁月长又长……

汽车从身边一辆辆开过，这样一个人自顾自地走着，唱着，内心里就涌起一股莫名的力量，有一种被自己亢奋的情绪感染与感动的悲怆。

一个星期后，我找到一份工作，跟着两个搞室内装修的老乡打短工。上班的地点就在深南大道东段的深南东路边的一个高楼里，从后面的窗子可看到文锦渡海关，从前面的窗子看下去，就是深南东路。那时真有些少年不识愁滋味，一有空闲，就喜欢倚在窗前窗后，呆呆傻傻地看，看这路上动与不动的景致。

后来相继换了几次工作，工作的地点从罗湖到福田，再到南山，始终都在深南大道边上，只要步行五至十分钟，就可窜到这条宽阔的路上来，像练习阔步一样，将自己细心、昂扬地交给它。在深圳的这些年，觉得它就像一根旗杆，一直被我扛在身上，它上面有着太多的我身体的印记，我的冲锋陷阵，我的呐喊，我的彷徨，我内心的颠簸与狂喜，我的平平淡淡上班下班的倦怠与慵懒，都被它像拴挂咸菜一样，拴挂起来。它两边的建筑与景点，白天里灼人的声音与色彩，晚上璀璨的灯光及偶尔的幽暗，也都成了我记忆里时不时蹦跳出来触摸我的鳞片。

　　有关在这条路上的行走，最让我难忘的还是迎接2000千禧年时，名为"千禧之旅"的深圳市民万人大游行。那次游行，我们单位组织了一个渔灯舞的表演方队，我作为工作人员，举着领队牌走在自己方队前头、游行的大队伍中间。游行的队伍超过两公里长，队伍从上海宾馆出发，沿着深南大道，一直走到深圳大剧院。游行从晚上八点三十分开始一直持续到零点过后。街面上除了缓慢前进的游行的彩车，再没有别的车辆，每辆彩车后面跟着的就是表演的方队，街道两边涌满了观看游行表演的市民。

　　那是真正的狂欢的时刻，是拥抱与分享的夜晚，每一个置身现场的人都被欢乐的气氛点燃了，脸上绽放出七彩烟花，为自己成了时间链条上欢乐的一环而雀跃、而欢呼。在那样的沸腾中，我的手突然被路边的一只手热烈地拽住。原来是一位熟识的久未见面的朋友，他带着女友来看游行表演，在游行的队伍中意想不到地看到我，激动不已，我也是同样地激动，但我们紧握的手很快就被涌动的人潮挤开了。我回到游行的队伍中，朋友和他的女友眨眼之间，也消失在这史无前例的，深南大道上的人海里……

鞋子走在华强北路

一、晨：八点

很多店铺尚未开门，街上行人三三两两，整个华强北显出一份早晨初醒时的慵懒。我俩的鞋子在这条路上，一前一后，前前后后，散漫而没有节奏地踢踏。像是在不经意地吟哦：华强北——华—强—北——

路边的报亭，开了，卖报的男子在分着报纸，当我俩经过，他瞟了我们一眼，他像一个要为我们定做衣服的老裁缝，这一眼就打量出了我们，那需要来包裹我们的东西与我们身上的空。中巴车在路上开得飞快，这些车与这时候打这条路经过的开车人，都是这个城市的享乐主义者，他们享受着这个城市难得的畅通无阻。

显然，我俩来得太早，我俩的约会，像是特意来赶这样的空旷。我俩漫不经心地走着，偶尔闻到在昨晚的繁闹中弥漫的未及带走的气味与声息。目光逡巡着，像一对采莲蓬的人，没有牵手，却有一副默契。

这条路确实干净、开阔，我们没有看到扫街的人。

二、午：一点

人像砝码不停地往这条路上加，我俩的鞋子在这条路上，在川流不息的鞋子中保持着一致的步调，我俩跟得更紧。从这个店穿到那个店，你试穿着一双双新凉鞋，不停地问我，这双好不好看？好不好看？

好看。好看。穿到你"美丽的大脚"上的鞋子不好看也变得好看了。新鞋子琳琅满目，加大了选择的难度。你被新鞋子牵引着，我被你牵引着，走遍了，这条街上的鞋店，华强北的东西南北。

太阳几乎是直射的，街上的行人，像一个蜂窝里涌动的蜂蛹，兴奋、被糖泡着、不停在动，给我一种暖融融的感觉。我俩也是其中的一对蛹，翅膀一张开就粘在了一起。

在肚皮提出严重抗议的情形下，终于买到了一对你满意的鞋子。这是一对从专卖店里跟随着我们而来的鞋子，此刻正和我俩坐在一家客家菜馆里，喝着菊花茶，可以悠闲地听着街上纷纷阵阵的脚步声。从我们坐的位置，还可以看到斜对面的一家罐罐面面馆，那里面的人，扎着堆，都在从眼前的罐罐里，捞着面条。

三、晚：九点

今晚在这条路上，我俩就演一对恋人，像为这条街道拍一个广告片，开始是各自坐在一张路边的椅子上，两张椅子相距三米。我在看报纸，你在抚弄自己的头发，彼此都很专注的样子，不时地偷偷瞧对方一眼。灯光与霓虹有些暧昧，又有些炽热，两边的建筑物一副蠢蠢欲动的形态。

一个很长的特写镜头，从赛格广场拉到赛格科技园，拉到商业街中心，拉到新大好时装、女人世界、男人世界，再拉到更北面的新世纪酒店，最后拉回来落到人群中，我俩身上，打出字幕：花样年华之华强北路。

这时我们已坐到同一张椅子上，我在说话，你在听，脸别过一边去，仍然一副生气的样子，其实你心里已经谅解我。我们在下午拌过嘴，因为另一双鞋子。我起身，单腿蹲到你目光的正前方，说："我想把华强北买下来给你，如果你喜欢！"然后你抚摸着我的头发，说："小傻瓜，别说梦话了。"

街上仍是人流如织，在一盏具体的街灯下，我俩再一次热烈地拥抱在一起，像置身无人的空旷里。

　　字幕从我俩身边一个茶绿色的即将塞满的垃圾桶里冒出来（像玫瑰香燃起的一缕烟）——华强北：你俩长久的依恋……

谢湘南（吴忠平 摄影）

地铁通向情感的郊区

多少年前，庞德站在地铁车站里，从那漆黑的洞穴里涌出来的习习凉风，拂在他的面颊上。人群，各类匆忙的面影，闪烁不定的足音、幽暗与等待，这一切看似虚幻的场景在他的大脑里编织成两行诗："这几张脸在人群中幻景般闪现/湿漉漉的黑树枝上花瓣数点"。

这就是他有名的《在地铁车站》，仅两行。但这两行诗像两条铁轨，从时间的幽深隧道里延伸了出来，带着那个时代，历史里湿漉漉的痕迹、言词的斑驳……

秋天，当我行走在深圳干燥的空气里，从深南大道那些掘开的路面旁走过，我就会想起这两行诗，想起我见过的一张画像上老庞德森林样深邃的眼神。我似乎感觉到，他正跟随着我在这座地铁建造中的城市里行走。我知道他的目光里有黎明时分大地上滚动的露水，而那，正是我需要的。

我时常设想一个人，当他内心的冲突达到最激烈状态时会是什么样子，正如我时常固执地认为地铁应该是一个与爱情、与剧烈的矛盾有关的词语。老庞德的一生无疑已成为他经历与生活过的时代的一个注脚，他说："我与世界争斗时/失去了我的中心/一个个梦想碰得粉碎/撒得到处都是——/而我曾试图建立一个地上的/乐园"。

哦，乐园。它应该是从地底下，从地球的运动中延伸出来的爱情。我能找到这座乐园吗，这座在人类的想象中永恒的乐园？

要逼真、准确、完整地忆想出第一次乘坐地铁的情形来是困难的。

在洪湖公园内（王炳乾 摄）

那是1995年冬天的北京，一个背牛仔包的青年，刚从长途列车上下来，不停地往手指上哈着热气，有点茫然也有点焦急，他要去赶乘一辆诗歌的地铁……多少年后，当他在生活了多年也书写了多年的南方城市深圳，看到轰轰闹闹的地铁修筑工地，他就又一次想起，地铁上那些晃动的吊环，那些穿着长风衣在地铁上拥抱着的男孩女孩，那模糊了的在地铁道口消逝的背影……他想，应该约一位女友到郊区去——

诗友巫国明当年写了一个中篇小说《等待地铁》（见《青年文学》2002.10），写的就是一个男孩成长的经历。写他在躁动中，在深圳的光照里，与"地铁"有着千丝万缕瓜葛的情爱。这片土地在萌动，在翻转，少年心里生发的芽胚也在日益粗壮。关于人性，关于金钱，关于爱，关于这座城市及城市上空变声期似的日夜的交响，以及关于那些来来往往幻景般的面庞茂密的人群，少年都以他自己的目光、真诚又略显稚嫩的喊叫，还原了出来。他的生命的切片有如建造中的地下铁一样显示出阵痛与震动，显示出这个城市的生机、落寞与长久的希冀。

和那位少年一样，等待也成了我唯一可以做的事，在对自我生命的不断开掘中，我期盼的是身体里的地铁展伸到郊区去，因为那里才是故乡，是要回去的地方，是诗人的乐园与老庞德的拯救。

深圳的地铁一条条开通，就像少年增长的年轮，有了生命的纵深。2005年，我曾写过一首较长的诗《A出口》，为一段与地铁有关的爱情，画上句号（摘抄两段）——

我说过，无休止地说过
我只是个装修工
被招来敲打自己的人生
用一个城市的倾慕
去修饰另一个城市的孤寂
不小心敲中了
一根肋骨
贪玩的纬度
这是上天的安排
我要走
A出口

灵魂从那里出来
都允许变成魂灵

赤裸又羞赧
好奇又恐惧
比深夜的地铁还清冷
用不到做爱的时间
故事变成事故
你将我送入A出口
像用梦收藏挂油画的钉子
和泥灰来不及干爽的气喘
油画上画的是猫还是老虎
还是土拨鼠的悲伤
你已忘记
——《A出口》

它是深圳的**"诗歌中心"**,它是**诗意**的飞地,亦是精神的**高地**。

第三章
"外遇"

1997年香港回归时，我在深圳南山图书馆

1997年，一个分水岭

1997年，香港回归，这一年也是我青春的一个分水岭。

1997年7月1日，我当时的身份是深圳南山图书馆的一名保安。记得那天南山图书馆广场上搞花灯游园表演，人山人海。那天我值班时照了两张相片，一张是和一个礼仪小姐，一个不认识的个头高出我许多的漂亮女孩在图书馆的期刊书架前的合影，她的胸前还戴着"九七香港回归"字样的红绸带。因为大家都高兴，我邀请那位女孩合影时，她并没有拒绝。虽然从那以后我再也没见过她，但我想对她说声谢谢，我至今还保留着这张相片。另一张是下班后,我独自站在图书馆门侧的一个栏杆边,穿着短衣短裤,头发被风吹起来,我眺望着广场上空飘着的巨大彩色气球。

那一天听到的新闻是数以万计的人跑到皇岗口岸去,去看"驻港部队"从口岸大桥跨入香港,不顾暴雨浇淋。当时下很大雨,民间有种说法,下雨是好兆头,雨水能带来财,所以似乎没有人抱怨下雨。只是那些站在雨中的部队官兵,不说话,像雕塑一样……

1997年,因为"回归",所有深圳人的私人记忆都有所改写,也包括,像我这样当时在归属与身份认同上还不承认自己是深圳人的打工仔。

那一年,对于我个人还有两件重大,直到现在还在影响我生活与思想的事。一是我二姐的自杀,另一件是在这一年的12月我参加了诗刊社第14届"青春诗会"。在1998年,写过的一首题为《忧郁》的诗,很能说明我那一个时段的心境——

> 我的大姐得了精神分裂症
> 她想跟所有的人打架,有一次
> 她给了我一记耳光
>
> 我的二姐与婆婆吵架
> 公公抓住她的头发把她掀翻在地,
> 在夜晚她吃了农药
>
> 我的三姐远嫁他乡
> 十年时间我见她三次,
> 去年母亲病倒,她在家住了十天

四姐在家守着空房
五姐带着两个孩子和一个爱玩牌的男人
我有个不识字的老婆和长得不像我的女儿

在我未出生时父母为自己打好了棺材
我从农村流落到城市，多像一只丧家之犬

听到二姐自杀的消息大概是在4月份，同在深圳打工的四姐夫打来电话，急匆匆、声音低沉地转告我这一事件。我听到后当时不知如何反应，怎么可能呢？春节时，我还在二姐家吃过年饭，她好好的一个人，为何会寻短见呢？春节后我重返深圳的工厂上班，没想到那竟是我与二姐的最后一面。我是三月初从工厂辞职进图书馆当保安的，这之前是在上沙的一家五金厂做搬运工，当时在一本杂志上看到有写新建的图书馆馆长的文章，讲她如何爱惜人才。于是内心激动，带着自己发表过的一些诗文前往求职，她当时并未答应，出乎意料，几个月后图书馆开馆，她打来电话说图书馆要招保安员，问我愿不愿意做？我当然愿意，当时就想能够到图书馆做一名清洁工也愿意，因为那里有书。当时我有着旺盛的求知欲，有书看是最大的梦想。

因为刚上班才一个多月，不想因为请假丢掉这份来之不易的工作，四姐夫说"你回家也没什么用，二姐已'埋掉了'（下葬了）"。忍着悲痛，未赶回湖南老家，当时通信还不发达，老家都没有装电话，连二姐真正的死因都未弄清楚。后来回到老家问父母，他们都不愿意谈，但我心里一直感觉愧疚，当时未能回湖南，哪怕是给二姐上一柱香。

1997年，我23岁，对于生命的认知，其实仍然懵懵懂懂，但因为二姐的突然离去，我似乎明白了些什么，因为我是他唯一的弟弟，她是我唯一的二姐。

这一年的8月之后,图书馆要规范管理,将物业交给专门的物业公司管理,我们这些保安被解散了。我没有了工作,奔走于深圳大大小小的人才市场与职业介绍所。9月,我找到了一份推销员的工作,帮一家公司推销女性用品。因为是直销,面对面跟女性去介绍这个东西如何好,如何方便使用,开始感觉很尴尬。但上了两天班之后就脸皮厚了起来。

类似保险业刚兴起时业务员的"扫楼",我们做推销是"扫街",一条街一条街地走,专找发廊多的街,因为产品主要推销给发廊妹。开始我和一位江西的小伙子搭档,之后便一个人去跑。可想而知,我的业绩平平,江西小伙也差不多。运气好时,推销出十多瓶,运气不好一瓶也推不出去。这个工作做了一个月,无法坚持下去,坚持下去也只有喝西北风,还得去跑路找工作。虽然没赚到钱,但这段工作却是开心的,有些开朗的发廊妹会很大胆地跟你开玩笑,甚至挑逗你;有时刚好遇到她不开心的,见你就跟你挥手,赶你走……关于这特别短暂,现在回想起来还有几分诡异的一份工作,同样有诗为证——

时间消失
一个诗人站在人才市场的电子屏幕前
一个业务员坐在发廊里

这是他第三十一次站在这里
这是他第五次走进同一家发廊

他凝望电子屏变幻的字幕
他与发廊小姐坐在同一张沙发上

他被一堆人才包围着

他包里放着四盒女性用品

电子屏上从未出现过购求诗人的信息
发廊小姐也不愿轻易开口买他的产品

他点上一支烟
他拿出一盒产品

他耐心等待
他侃侃而谈

电子屏出完了今天的信息
发廊小姐拉他进里屋按摩

诗人摇着头走了
业务员也未能进入小姐的境界

听说诗人后来跑起了业务
听说业务员以前也爱好写诗

　　10月，在宝安的一个人才市场我找到了从1993年出门打工以来最体面的一份工作（之前几年时间我都是在工厂里做最基层的工作，文具用品的组装员、五金厂小机床操作员、纸品厂的包装员、五金电镀厂搬运工，之后在图书馆做了半年保安，算是与文化单位沾边了，工作环境相对轻松了许多，这段时间看了大量的书）———家集团公司行政人事部助理的工作，但上班的地点却远在海丰县。管它是不是与"天上的雷公"相对应的海陆丰，能找到这样体面的工作，算是进入了企业的管理层，真是值得庆幸。我毫不犹豫应允了，因为听起来那位招工的同志还担心我不会去呢，他在招工现场当场拍板叫我明天就可以去上班，一般招工惯例收了简历就叫你去等通知，这位为何有如此胆略，敢现场拍板，后来知道，他就是集团老总。

从该公司在深圳市公明镇的分厂坐车，两个小时后抵达海丰的公司总部，一幢办公大楼、一幢厂房、两幢工人宿舍，旁边另有一幢只有两层楼，一层八九间的矮平房是给公司管理人员住的，我被领到这幢平房二楼的一个小单间里，里面已住了一个人。公司在此地可谓鹤立鸡群，没有第二家。前面一条公路，四周都是荒地，公路斜对面不远有另一家工厂，镇子在几公里以外。

上班后其实很快就适应了。在办公室写写公文、整整人事档案，还筹办一份打印的集团简报，也常去生产车间转转，我的另一项重要且算是比较棘手的工作是调解员工之间的矛盾。员工之间常有打架斗殴的事，据说还分派别，也会有谁的钱包在宿舍内不见之类的事。处理这些事我完全没有经验，只有跟着人事科长学。上班一个多月后，工厂发生了一起事故，一位女员工的手指给车床砸断了，要我去调查事故的始末。对于这类事故，我自己也深有体会，我在五金厂开车床的时候就给砸过一次，不过是砸在手掌的肉上，砸开了近三厘米的口子，万幸的是没伤及骨头，现在手掌上的疤痕还在。我赶到车间时，只看到关停的车床上模糊的、混有机油的黑色血痕，受伤的女员工已被送往医院。这件事给我触动很深。晚上回到宿舍写了一首诗——

一起工伤事故的调查报告
龚忠会
女

20岁

江西吉安人

工卡号：z0264

部门：注塑

工种：啤机

入厂时间：970824

啤塑时，产品未落，安全门
未开
从侧面伸手入模内脱
产品。手
触动
安全门
合模时
压烂
中指及无名指
中指2节，无名指1节
属"违反工厂 安全操作规程"

据说
她的手经常被机器烫出泡
据说
她已连续工作了十二小时
据说事发后　她
没哭　也没

喊叫　她握着手指
　　走

　　事发当时　无人
　　目睹现场
　　——《呼吸》

　　这首诗后来合在我的《呼吸》（组诗）里，发在1998年3月《诗刊》第14届"青春诗会"专号的头条，1999年被吴思敬教授选入他编的20世纪90年代文学潮流大系《主潮诗歌》卷，后来还入选另外几种国内诗歌选本。对，现在谈到了我所参加的"青春诗会"。如果不是因为"青春诗会"，我可能会在这个公司做上几年，虽然在这里生活比较枯燥，没有像在深圳有那么多写诗的朋友可以交流，我还是会珍惜这份工作的，也许会做到更高的位子，因为我是集团老总亲自招来的人。但我尚未满三个月试用期，便接到了在深圳的四姐夫的电话，他很激动地说，《诗刊》给你来信了，邀请你去参加"青春诗会"，要你再寄些诗过去。信是寄到我以前在深圳打工的五金电镀厂的。四姐夫一直支持我写作，因为那时他自己也喜欢写点小文章。他还在我以前上班的工厂旁边的工厂上班，他三弟也还在我以前上班的工厂上班，所以被丢在工厂大门口一个收信台子上的《诗刊》寄来的信，没有像那些离开了工厂就变成"查无此人"，或放时间久了被工厂保安丢到垃圾篓里的信件（在工厂这种事常有发生）那么不幸。

　　我同样有些喜出望外，给《诗刊》投稿应该有一年多了，已经没抱任何有发表的希望了，没想到会等来这样的好消息。后来看到了信，信是《诗刊》副主编李小雨老师写来的。当时参加"青春诗会"应该还是很多诗歌写作者的梦想，我也不例外。从1993年出门打工，开始写诗，将自己的所见、所思、所想记录在小得可怜、只有自己珍视的小本本上，默默写了那么多年，并未在大刊物上发表过诗歌。那时候除了我自己，唯一对我的写作有所期待的只有我四姐夫。我在湖南乡下的父亲一直认为我写诗是在不务正业，本本分分地打工，别去胡思乱想，是他所能给我的人生信条与告诫，他最怕我因为写诗丢了工作。

事实上这样的事又要发生了。我要请假去参加"青春诗会"，老总很不高兴，因为我都未满试用期，要请这么长的假，公司没有这样的制度，要么就辞工走人。我自然选择的是这难得的参加"青春诗会"的机会，工作虽然难找，但不打东家打西家，年轻气盛，赶赴北京参加诗会的冲动已使我将长久找不到工作时的那种焦虑抛在脑后。

老总并没有为难我，他知道已经留不住我，我辞了工，坐公司的货车赶回深圳。在大商场里买了件看起来还不算寒酸的灰黄色棉夹克与干净的白衬衣，还买了双新皮鞋，然后从深圳坐火车去北京。12月，北京已经冷了，当我走出西单火车站，干冷的寒风拂面而来，让我感觉自己特别激灵。

开会的地点在什么区，已经记不清了。诗刊社的老师都特别热情，从会务处领了房间钥匙，在楼层的走廊上碰见邹静之与祝凤鸣，还有一个好像是庞培，当时都叫不出他们的名字，名字与人还对不上号。邹静之老师是见过一面的，在1994年。当时我第一次去北京，参加的是《诗探索》与一个叫《中国现代诗》的杂志（后来这个杂志好像就没看见过了）共同办的笔会，那时候好像特别流行这种笔会，文学青年众多（自己花钱参加这个笔会那个笔会。我只参加过这一个，有几十个人参加，因为人数太多，显得很杂乱。"青春诗会"当时是不用自己花钱的）。在那次《诗探索》的笔会上邹静之、西川、老诗人牛汉，刚出名的青年诗人巴音博罗，都给我们讲课。我都有些印象，邹静之讲了一些陕北的民歌，什么"山坡上放羊还嫌低，面对面坐着我还想你"，讲得很生

1997年，在第14届"青春诗会"上，我与李小雨老师合影

动，声音浑厚，后来知道他是唱美声的，他的演讲具有煽动性。西川讲的是诗歌语言，什么"指月亮的手不是月亮"。老诗人牛汉讲的是他如何创作《我是一颗早熟的枣子》这首诗的。我相信那次见面，邹静之对我应该完全没有印象，我是坐在一大群人里，他坐在讲台上，但我记住了他。没想到邹静之向我打招呼，问：你就是那个写打工生活的谢湘南吧？我说是的。后来见到了李小雨老师，相当朴实、敦厚、和蔼的一个人。再后来见到了周所同、寇宗鄂、朱先树等《诗刊》的老编辑，及前来参加诗会的张绍民、大卫、李元胜、沈苇、娜夜、古马、陆苏、代薇、阿信、邹汉明、刘希全、吴兵、简人、祝凤鸣、庞培。后来看名单上还有臧棣、樊忠慰，但他们没有来开会。

之后会议的内容是分组改稿讲诗。16个人，分成三组，李小雨、邹静之、周所同各负责一组。我自然是分在李小雨老师那组，她喜欢我的诗，是她从大堆大堆的自然来稿中，把我的诗选了出来。李小雨老师细心地向她这个小组的人提出自己的意见，但大体上诗没有什么改动，大家讨论一下，讲一下各自的体会，改稿在一天之内完成了，这也正像张绍民当时在现场说的、后来被大家引用的话"闪电是不能修改的"。之后便是全部与会的诗人一起开座谈会，晚上开了个联欢会，差不多就结束了。但短短的会议，其实每个人的个性已经显露。最后的座谈会没有因为诗歌观念发生什么争论,当时好像有人评论说这是最团结的一届"青春诗会"。

李元胜外表清秀,有几分书生气,喜欢下围棋,记得当时他跟周所同老师下了好几盘棋。庞培有很高的创作热情,第一天晚上,他就写了一首短诗,第二天在房间里念给诗友们听,大家都说不错,好像是代薇还夸他已到了炉火纯青的地步,信手拈来。庞培那两年发表了很多作品,诗歌、散文两面开弓,特别是发在《大家》上的那些散文,给人印象深刻。在诗会上他很推崇他的那首《数行诗》,但邹静之老师好像更喜欢他别的诗。张绍民,像一个闪灵者,他笨拙的外表下面有些异质在奔突一样,时不时冒出一句惊人的话,湖南口音比我还重。沈苇说起话来显得很谦虚,戴着眼镜,当年他已获得了鲁迅文学奖,在会上他送我一本诗集《高处的深渊》,是他的第二本诗集吧(诗会之后这二十年内,我们还见过三次,一次是他来深圳签售他的《新疆盛宴》,一次是我去新疆出差,去他家里坐了坐,然后随同他去参加他朋友的一个聚会,他送了新出的诗歌选集给我。最近的一次,是他来深圳参加"第一朗读者"活动,在蛇口海上世界的胡桃里)。祝凤鸣喜欢讲笑话,浓密的头发,高大洒脱,也给人感觉大大咧咧,外形与气质我个人觉得是最接近诗人形象的,性情上很像一位大哥。后来收到他打印的集子《凤香驿》,很唯美的一个名字,诗也很有意境,抒情,像古典诗歌的现代译本。率直的大卫,给人感觉有些彪悍,下巴微微上翘,嘴如果捌起来,应该很有喜剧效果,参加诗会时他还在睢宁县医院里做一名放射科大夫。与会的三位女诗人,都很漂亮,代薇穿得时尚些,像《胡桃夹子》里面的一位芭蕾舞演员,大眼睛,长睫毛。对了,诗会的第一天晚上,我们还真去看了芭蕾舞《胡桃夹子》的演出,那也是我第一次看现场的芭蕾舞剧。陆苏是那种较典型的江浙女人,气质柔软,不张扬。娜夜好像穿的是民族服装,说话慢慢的,像经过了西北草原露珠与绵羊的双重

在惠州参加诗会时与《诗刊》副主编李小雨老师合影

过滤（2005年，在深圳的银湖，我们又见过一次，那次她是来领鲁迅文学奖的，她的诗集获了那年的鲁奖，颁奖典礼在深圳举行。见面时她跟李老乡在房间里聊天，似乎抽了很多烟，烟灰缸里很多烟头，她变化还是蛮大的）。

　　整个诗会，还有两件事让我难忘。一是因为不习惯北京的干燥，我常干呕，吃不下东西，吃得也不习惯。这个当时我没有给他人提起过，只是跟张绍民说过，太干燥，有些受不了。他教我一个办法，晚上睡觉时，在房间里放一盆水。另一件事是，与祝凤鸣、庞培、邹汉明几个去风入松书店与三联书店买书，然后去北大转了一下，在北大的一个餐馆内吃了一餐饭。一路上都聊了些什么已无从记起，不过感觉挺开心的，像祝凤鸣、庞培他们看书都比我多，他们向我推荐哪些书值得买，那次买了应该有十几本书吧,像希梅内斯的《悲哀的咏叹调》、叶芝的《丽达与天鹅》、塞弗尔特的《紫罗兰》等漓江出版社出版的诺贝尔文学奖作家丛书都是那一次买的。

李小雨老师特别细心,在临行告别时,特别叮嘱我路上要小心。邹静之老师在旁边说,你就放心吧,人家都是闯深圳的人。

邹老师说得很对,我确实是属于闯深圳的这类人。在莽撞中成长,但从这之后,我有了一个更明确与坚定的方向。

回到深圳,已接近春节,工作一下无门,干脆就回老家过春节了。待1998年再返深圳,虽然依然曲折,但那已是新生活。

半夜三更，婴儿啼哭

1998年5月9日晚上，听到一阵婴儿的啼哭。在深圳宝安74区一所命名为"边缘客栈"的出租屋内，我，不能入眠，讨论了一个晚上的诗歌，多数诗友走了。客栈里剩下安石榴、乌沙少逸、黄挺飞和我。走了的有耿德敏、潘漠子、大伟、陈末、魏莹等。之前我们在宝安2区的一个小树林内聚会，约11点过后我们才转移到"边缘客栈"。两点左右"边缘客栈"灯熄。被一些问题缠绕着，我继续思想诗歌内部或之外的一些事情——

1996年4月，我睡在广州火车站第二候车室旁边一个"花园"的一张石凳上。我这样睡了一个星期，对那些出现在眼前的情景始终记忆犹新，如永不停息的人流和他们的喊叫、小山似的行李、刺眼的灯光和它照不到的地方、在地上翻飞的报纸、快餐盒、报车次的声音、小偷的脸、味道。对三四个在我身边盘绕的蚊子我还有一丝特别的怀念，是它们让我深刻领悟到真正的生活，我认为那是对我人生的一次重大洗礼，至少让我明白了"绕树三匝，无枝可依"这样诗句的悲怆与疼痛。我心中的信念也该是从那时起变得更加坚毅，由朦胧迈向清晰辽阔之境。

最终我流落到深圳，这是我第三次踏入深圳这方土地。经老乡介绍我进了一个五金电镀厂做搬运工，在那个厂里我一直干到1997年初，这是我干得时间最长久的一个工厂。

关于1996年冬天的记忆，我要从一只水龙头开始叙述。我穿过宿舍长长的刚刚刷过一次油漆的走廊，在进门大厅处转个小弯，来到这只水

南山图书馆，1997年我在这里当保安

龙头前，它是厕所中众多水龙头的一个，然后我开始脱衣服。我蹲下来，打开水龙头，让水流在我身上，一寸寸咬着我的肌肤，有那么几秒钟我感觉到它就要咬着我的骨头，我开始大声唱歌……外面大厅里也传来一阵阵笑声，工友们在那里观看一部港产电视剧。我洗干净身体，再洗衣服，这样忙活一阵已是晚上11点多。我回到我所住的106室，12个铺位中，我占有一个上铺。宿舍里没有人，我躺到床上，呆望着天花板、蜘蛛网，然后是正在滴水的衣服、湿漉漉的塑胶桶，还有拖鞋、生锈了且严实地蒙在窗子上的铁丝网。我拿出我的小本子开始记录起来，我感觉到我的思想在发生一种质的变化，那是一种飞跃，就从我的肌肤接触到冰凉的水的一刻开始……

在我刚搬进这间宿舍的一段时间，室友们都以为我是一个"哑巴"，因为我不与他们一个车间，有时也不上同一个班，就是共同待在宿舍的时候，他们看到我的情形往往只有两种：要么在一个本子上乱写乱画；要么睡觉。我知道在他们心里往往是把我当作不存在的，自然我也没有与他们交谈的欲望。就是在这段时间我写下了第一批较有力度的作品，如《呼吸》《零点的搬运工》《在西丽镇》等（见《诗刊》1998年3期），也正是这批作品为我赢得了参加第十四届"青春诗会"的门票。我的这批诗作是对他们、我自身，以至诗歌与生活的距离一个很好的观照。我时常会想起我待在那个铺位上的情形，那些被焦虑、忧郁、疲惫、怀想乃至空洞包围着的时刻，当然这些仍然是我现在生活的一部分，甚至是主要的一部分。我唯一能做的是让这些走进我的诗里，另外，我要寻找一种将它们隐藏起来的方法。我可以肯定那一阶段我诗中冷冰冰的语言就是五金厂环境的产物，那些机械、黏滑的机油，那只倾斜的水龙头⋯⋯

有时我上夜班，白天躺在偌大的宿舍里，听着外面的喧嚣，始终不能入睡，那时我会点燃一支烟，我不抽它，我看着它燃烧，一圈一圈地熄灭。我感觉到这本身就是一首诗，一首对香烟和我的命名之诗、生活之诗、祭奠之诗，为那些诗歌的英灵，为身边悄然奔跑的时间，为我数年来的奔波与逃亡⋯⋯现在我仍对金属被切割的气味相当敏感，我的大脑中不时会突然冒出那些在化学药剂中翻滚的电子元件、那阴暗潮湿的厂房、成型机的鸣叫。这些东西带着我冰冻了的热情之火都钻入了我的诗中，当我回头去读那些诗歌，仍然可以触摸到一种钢铁的质感，一种甚至对自己的漠然。我消解了自己、生活乃至意义的存在，我深深地眷恋着那种不为人知的孤独感，但最终我与我的朋友们见面了——

安石榴是我在深圳认识的第一个写诗的朋友，那是1997年的4月，当时我在深圳南山图书馆"看大门"（**当保安员**），他在深圳一家面对打工者的杂志做编辑，主持诗歌栏目。我设想在深圳办一份诗报，就写信与他联系，我仍记得他回信中的两句话："诗使一切诗人成为兄弟""诗歌的出路从来都是指靠自己！"。由于当时各种条件的制约，我们

1997年，我在南山图书馆当保安

的设想并没付诸行动。安石榴是广西人，有着一头很艺术的天然卷发，络腮胡，俨然一个"未来大师"的模样，他给自己租住的房子命名为"边缘客栈"，有其诗作为证："边缘唯一栈，留去两相难。此身终是客，浪迹不知还。"这首诗很好地概括了我们这群人的心迹，也说明了"边缘客栈"对于我们的重要性，因为它是"唯一"的……

安石榴年纪稍长于我，在我结识他之前，他曾与乌沙少逸、耿德敏、黄挺飞等人合出过一本《边缘》的诗集，在学生时代曾参与广西民间诗报《自行车》的活动。因此相对于我，他在诗道是一个先行者，在我们见了第一次面之后，我就经常往"边缘客栈"跑。我们待在一起时也很少交谈，但彼此心中都存有一份默契，我感觉到的是我们同时陷入了一个时代的"失语症"中。我曾写过一首题为《写给"边缘客栈"和它的主人》的诗：

> 黑黑的楼梯间一直升到六楼
> 一个有趣的细节
> 有时
> 双手击掌
> 击亮隐藏的灯泡
> 其实灯不亮我们同样上升
> 主人在前面咳嗽
> 低哑的语音像一种仪式
> 比喻说要写诗
> 一首诗已经进入自己的结构
> 很多次我独自往上行走
> 凝听脚步的回旋
> 想着一扇门
> 打开
> 从左边
> 透出一扇门的光
> 我已拿出建筑一首诗的材料
> 就像分解了第六层的空间
> 阳台、厨房、卫生间
> 主人的床和旁边的
> 书架、相隔两尺的
> 自己
> 很长时间我们都不说话
> 像主人将词语藏在他的胡子里

我将另一半宁静放在茶杯里
水龙头换了一个
三个木墩仍然健在
有一两分钟我们用目光交谈一下
然后又将它
停留在电视画面上
一首诗始终不能接近它的结尾
尽管时间将两支香烟同时
熄灭，却无法关闭
窗外的
喧嚣

我相信每个来到"边缘客栈"的人都有过与我同样的感受。在这里我先后认识了四川人黄挺飞（土家族）、安徽人乌沙少逸、贵州人耿德敏、海南人罗迪，1998年又认识了潘漠子（安徽人）、陈末（新疆人）和魏莹（湖北人）……

我写诗的历史可以追溯到1993年，也就是这一年我贸然辍学，怀着少年的单纯理想踏入社会，先是在浙江的建筑工地上做了三个月小工，后来到深圳进了一家电子厂（在这家厂里我写下了生平的第一首诗，而且获得广东省音乐电台征稿优秀奖），不到半年又随厂辗转到珠海、中山等地。同时我尝到了自己莽撞辍学的苦果，处于一个对知识强烈渴求的状态之中，1994年一场大病为我提供了回家的契机，也就是待在家里的这段时间我大面积地接触了中国现代诗歌，那时"顾城事件"给了我巨大震撼（撞击），我开始思索，诗歌究竟应该怎么写？当然，直到现在这个问题仍然缠绕着我，使我不甚了然……

我待在家里，但我已不是一个学生。我必须面对家庭的压力以及作

谢湘南、安石榴（中）和黄挺飞（右）在边缘客栈

为一个成人的事实。虽然在那段时间里我多次参加全国性的诗歌大赛，而且获奖，但对年迈的父母来说这些都是虚妄的。有时我在思考这样一个问题：诗歌对于朴实的老人显得完全是一种多余的东西，但我却把它视作了自己的生命，我的父母是不是应该对诗歌存有嫉妒心（或者仇视它）？因为诗歌夺去了（他们的）儿子的心，这又算不算一种物质与精神的悖论呢？诗歌（或者一切形而上的东西）只能给老人制造更多的麻烦，他们想法简单，却睡不踏实。我感觉到在他们的精神世界里有些诗歌永远无法抵达的宝藏，他们手中似乎抓有一条永恒的真理——

生存永远是第一位的。一个无关系、无技术、无文凭的人要在深圳找到一份工作是多么地艰难，他像一个算命的瞎眼先生一样等待着自己的好运气，他必须不停地奔走。1995年我第二次来到深圳，好不容易才找到一份工作，但没逗留两月，又因家中的变故返回家乡。我就这样往

《外遇》同仁与台湾诗人杨平在华夏艺术中心门前合影，从左至右分别是谢湘南、潘漠子、杨平、安石榴、陈末、黑光

返于深圳与家乡之间。1996年——1997年——1998年……

现在我愿意再回到1996年的那个冬季，我认为在那个冬天我为自己树立了一座纪念碑，为爱、生命与种子。虽然我很多诗作都是以"反文化"的视角切入，但在这个多元化的世界，我认为那是我唯一正确的选择，这其中起决定性作用的是进入我视角的社会形态：是那种老工厂的组织结构以及管理模式，是我所看到的歌舞升平下那种糜烂的生活，是会咬人的机器和无处挥洒的泪水。我应该站在一个什么样的高度进行创作呢？我曾无数次地问自己，我知道我的诗作是不可能再回到对田园、土地的吟唱（假抚摸）中去了。我去读那样的诗歌，我会感觉那是一种完全虚伪的故作姿态，这已经不是一个适合抒情的时代（因为那不是真情）。庸琐的日常生活已经将诗歌的神圣意义完全消解，身边的人们更乐意接受那些不经过思索便直接进入自己身体的各个器官和思想空间的事物，这是诗歌的不幸？还是人类的不幸？我已无力思索这些问题，或者这仅仅是另一意义（形式）上的肉欲？

　　1997年12月我接到了《诗刊》邀请我参加"青春诗会"的通知，当时我在一家集团公司任人事助理（那是我打工以来工资最高的一份工作），三个月试用期未满，我向公司请假，公司不准。我毅然放弃了那份工作，去参加了"青春诗会"。我认为这是对我数年奔波和执着追求的最高形式的"颁奖典礼"，我甚至感觉我的生命就是为参加诗会这一天准备的。回想起我穿行在深圳大街小巷的一幕幕；在公共汽车上呕吐的情景（我有晕车的毛病）；在人才市场的电子屏幕前瞪着眼睛一傻站就是半天的时刻；那些被精神与肉体的双重饥饿包围着的漫漫长夜，我内心翻腾的波涛无异于黄河决堤。我觉得饥饿是这个世界赐予我的最悲壮也是最好的一首诗，我现在唯一要做的一件事情是想办法让我的"饥饿"更加纯粹，使它不含一点杂质，以至焕发的完全是一种精神的光芒……

　　我参加完"青春诗会"，又在深圳待了近半个月，因一时找不到工作，我再次踏上了归乡之旅，在家里的三个多月，我的印象中仅写过一首诗，那首诗是写给我母亲的。诗的第一节是：

　　大地是压低了咳嗽的被子
　　薄薄的雪无法入眠
　　在隔壁的床上
　　母亲是最薄的一层
　　两个月的白天与黑夜
　　她都在床上守着她
　　跌伤的腿
　　房里的风都长霉了

> 我走到床前叫了一声"妈妈"
>
> 她望着我,应了一声
>
> 然后抽泣起来,一张脸瘦成了筷子

母亲是在收稻草时从田埂上跌下来而将腿扭伤的。我能想象当时的情景:天色已经很黑了,母亲挑着几把稻草往家赶(她已65岁),父亲还在田里捆稻草,在她走出约400米时,父亲叫了她一声(他想起了什么?),母亲一时分神,田埂又太窄,踩空了⋯⋯

父母只知道我在一个叫深圳的地方,以他们的想象力无法猜测到我在干一些什么样的"营生",更无法通知我回家。父亲用"土方子"给母亲治腿,结果延误了病情,以致⋯⋯在1998年3月初,我再次奔赴深圳的那天,母亲还一直躺在床上,两个多月过去了,我仍旧没有找到一份工作,借债在深圳的生存似乎成为完全无意义的生活,如果没有诗歌的支撑(这因是漂泊的根源),我怀疑自己真会像疯子一样在街头绝望嚎叫(诗歌的理性赋予我像公共汽车一样在城市有规矩地乱窜的冷静)。在今天我更像一个信徒,每天坚持自己的"圣餐"——将自己置于一首诗中,创造或被清洗。但这一切对于我多灾多难的母亲难道不是一个令其绝望的"消息"(叛逆)?她绝对无法理解她儿子饥饿的吟唱,诸如那夜之类的"夸夸其谈"。这让我更加痛苦。我不能解开这其中的渊薮,如果我试图解开,只能使自己陷入更深层次的塌方而不能自拔⋯⋯

1998年5月9日,这是个永远值得我记住的日子。我们这群相聚于"边缘客栈"的异乡人终于将自己的梦想付诸行动,这次行动被命名为"外遇"。"外遇"这个词是行动两小时前,在小树林里喝酒、交谈时潘漠子随意吐出来的,它将作为我们要创办的诗报的刊名。潘漠子的艺术特征是有一头女性的长发,在我眼中他更像个落难的贵族,他画油画,为一家公司搞美术设计(他的工作环境及性质,使他承担了《外

第十四届"青春诗会"与诗人合影,前排从左至右分别为沈苇、李小雨、娜夜、朱先树、寇宗鄂、庞培、张绍民,后排从左至右分别为陆苏、祝凤鸣、邹汉明、代薇、吴兵、大卫、古马、刘希全、张洪波、谢湘南、阿信

遇》的主要编辑工作),他是海子的家乡人,以前参与过民间诗报《白鲸》的活动。他在与我的一次交谈中谈及张承志,他说在某种程度上他愿意为张承志去死,这句话让我深深感动,并建立起对他的信任。在很长一段时间里,张承志《荒芜英雄路》与《心灵史》也占领着我的思维空间,成为唯一的精神支柱。从某种角度讲,作为一个文化边缘人,我们追求的正是张承志笔下的叛逆与执着精神——一种空间的自由及自信,尽管我们面临着一个解构有余、建构不足的文化现状,但我相信,我们有勇气"解构",也就有能力"建构",并为此进行不懈努力……

黄挺飞睡在客厅的一张凉椅上,我睡在卧室的一张席子上,乌沙少逸睡在安石榴的床上,安石榴睡在客厅的一张席子上,席子紧贴地面。

在迷蒙的黑暗中我听到的声音有：青蛙叫、鸟叫、鸡叫、车的报警器叫、口哨、成人的叫声、呼吸声、手掌拍击声、摩擦声、火车的摇晃和震动声（持续、悠远，轻得像幻觉）……这些声音混杂在一起像一张翅膀上的羽毛。

但夜是一只坛子，声音在不确定地重复，拍击我。我似在期待什么，我不想把眼睛睁开，但非常清醒，我在与谁交谈？这夜？这声音？还是空寂或神明？我无法确定。婴儿的啼哭却再未出现，直至我感觉到黎明伏在窗台上。

那夜我起来过两次，因为上厕所，我听着脚上的拖鞋趿打着地板，我回来，从开启的窗子中发现圆月和它倚着的一幢房子未熄灯的窗。它们的光至今还在我的脑内飘荡。但我只看了一眼，我躺下了，继续行走的是闭着的眼睛。关于《外遇》它应该更接近一种声音，而不是光。

声音的穿透力是看得见的，而光始终处在迷离状态。光更容易制造混乱（将人不知不觉引入迷惘和深渊）。这是我的印象，就像那夜在黑暗中我望见了神明，我是通过声音的触摸。我的手行走在一匹绸子上，这声音明晰、透彻，相对于那"不绝于耳"的喧嚣（卡夫卡语）、光在不知不觉中所改变的已知，这该是一种福音。但《外遇》毕竟是要作为诗歌形态存在下去的，所以它更靠近一种生活（生存）方式，因此也就逃离不了光——一种背景的阴影，被引导或被发掘在现有的诗歌观念的束缚（牵制）下。《外遇》所追求的是打破一切观念和形式，一种诗歌或人生的"意外"，出乎意料的创新佳境，它是行动者的诗歌，是生活（生存）方式最直观的反射，因此这有更多的未知因素（可以理解为对固有诗歌秩序的破坏性和诗歌未来的建设性）。但有一点必须肯定：它融注了作为写作个体的先锋精神和创新勇气，这与它诞生在今日的深圳应该有一种内在联系。这个概念的形成将直接体现在它的诗歌中。从目前的《外遇》同仁中我们可以理顺出一条"边缘语境"（我这里所说的

"边缘"不是指形态而是内心,它应该与"边缘"的一贯用法区别开来)。如同每个写作者追求新奇语言而获得快感一样,我们所追求的是诗歌在生活中的自发行动,一种思想历险。我们将把这种"语境"不加斧凿地呈现给自己以及生活中所有有着相同渴望的人。我们的使命感是将诗歌置于命运之上,有如加缪所言:"值此疯狂时代,真正的写作已成为一种荣耀。"这是我们渴盼的一条鞭子,另一条鞭子是正在抽打我们的生活。

直至今日我未尝发现有谁将"诗歌"当作自己完全的生活(屈原是无数代人崇敬的大诗人,包括我自己,但他的死与诗歌无关;海子是为诗歌而存有献身精神的第一人,但面对今天我更愿意理解为他的诗歌生命是对诗歌的逃跑;在西方美国的垮掉派诗人似乎有点"突出",但我相信他们的创作接近灵魂的游戏),这是《外遇》的同仁正在尝试和面对的问题。诗歌不是"道(方法)""用具(工具)"或"语言幻想"(当然在一首诗诞生时也许本身就具备了这多种功能或效果,但我们不能这么去认识它,就像写作能获得一种快感,达到自娱性,但我们不能只为了寻求快感去创作,这无疑将扼杀诗歌的命运),它就是你的生活,一种直接行动,奔跑或劳作的声音,喘息和不可知的未来,思想幽冥。我的诗歌观念在目前更靠近一种信念(诗歌理想),我比较喜欢《倾向》"要发现最高虚构之上的真实"的提法,但我们要努力达成的应该是真实之上的最高虚构——之于生存形态诗歌的一种精神迷狂。"诗歌生活"将是我的唯一未来——"不是那个已有过的、而且也不是'重新开始'的未来"(阿拉贡语)。

诗歌的未来和自身的未来,在我们将其融为一体时,便获得了质的成功。但现在它们像两把交锋于我们体内的刀子,是两个不停撕咬着的细胞,这也是深圳的矛盾之一(关于精神与物质),在观念与生存的冲突中这种矛盾已深入一代人的内心。写作者所把握的真理是他更了解自己的内心乃至时代的终结。他们强大的内心准则毫无疑问将对未来产生影响。《外遇》的成员以明确未来的不可知性而参与未来。这种悲剧意味让我联想到婴儿啼哭似乎成为一种神示。我曾经说过："写诗是世界上最崇高的事业之一。"但真正把写诗当成一种事业（安全的生活）来进行（建设），这不知还有多长的路程？我非常怀念荷马时代的游牧诗人，在人类的文明史上那是一道多么美丽的风景。他们是神的侍童、歌手、骑士、梦游者和乌托邦，他们快乐的天性，对苦难的蔑视，在心灵上的自由度上我们永远也无法将其超越，他们预演了以诗人作为"职业"的悲怆。在一个夏夜，在1998年，因为诗歌，有多少人无法——入眠？

在很大程度上我仍然无法超脱生活的圭臬和自身素质的缺陷。一个没文化的人，要进行一种"文化的"思索，他以什么为自己的尺度？他在喧嚣的都市与在结构仍显单一的农村（它的贫穷）所面临（承受）的孤独是否对等？这个世界就像一个巨大的游戏场，假如它最终的结果就是一场毁灭（我认为这是无法避免的），那么作为一个当下的诗歌写作者，他的"游戏规则"又是什么？每当我感觉到将要在一幕大悲剧中充当一个木偶的角色，我的内心就无限悲凉，我有足够的真诚（激情）来进行诗写（"在人群和生活中淘洗语言的钻石"），却无法正视一眼我的亲人……

1998年5月最后一天，在深南东路1号，安石榴、潘漠子、黄挺飞、陈末、魏莹和我六人怀着沉重的心情定下了《外遇》的第一期稿子，那时陈末和魏莹也相继成了"无业游民"。陈末这个"边疆"来的女子，她矜持的笑容和幽默感给我留下深刻的印象，在我的想象中她应该是能歌善舞的，虽然深圳的高楼、阳光和公共汽车已将她舞蹈的细胞扼杀。她是科班的中文系毕业，在我们这群人中这是她唯一的"耻辱"（或者荣耀），后来她在一家公司谋得一份质检员的工作，因此我时常猜想她会不会像于坚一样，拿着游标卡尺（自然地无力挥动八磅大锤）在钢板上——舞蹈……

《外遇》第一期出来的时候，已是6月底，时常相聚于"边缘客栈"的异乡人从深圳的四面八方（角落里）又汇集到一起来——来过自己的节日。那时我已在平湖镇的一家电子厂干上一份"临时QC（质量监控员）"的活。那天我这个不会喝酒的人喝得像关云长，并拼命地向诗友们"卖嗓子"。受我的感染，机械修理工耿德敏唱起了家乡的山歌，他那不紧不慢、悠扬凄婉的腔调就像他的诗歌语言和说话的样子。也许出于他工作性质的缘故，他善于组装长诗（热爱艾略特）。在"边缘客栈"我每次见到他，他都是一脸疲惫，他常加班并且喜欢看香港的那些打斗片，每到一个地方他最先熟悉的便是那里的投影场（几乎所有的打工者都在那里消磨过自己，娱乐自己。只要花一块钱就可以在里面待上一天，假如你愿意）。这是他的"出世"方式，而写诗是他的"入世"方式，这也许是生活与诗歌的永恒悖论。在这里我愿意披露他生活中的一个小故事（这是我们这群人中最经典的一段佳话），他曾陪伴一个几乎不认识的女孩去医院打胎，事完之后，什么故事也不曾发生。

黄挺飞那天不停地给我们讲他们土家族是怎么娶媳妇的，这位单身哥们儿在家时是一名光荣的人民教师，现在一家食品厂做工。与我一样是一个不能激动的人，激动起来舌头就不够用了。木讷、憨实，这些空泛的词语用在我们身上都十分贴切。他说："走累了就想坐下来/悲伤是我的椅子/你不能从背后/取走我的椅子/我所有的重量/压在悲伤之中/四肢松散/像打碎的玻璃/椅背扶着我的脊柱/像一对好兄弟/我感动得想哭/感谢悲伤/路还那么远/椅子可以折叠/放进行囊/像一块干粮"（黄挺飞《椅子》，载《外遇》第一期）。

在这里，我想告诉他，悲伤是我们共同的椅子，但我们不仅是要感谢悲伤，而且要感谢深圳——这个地球——一切虚无乃至彷徨……

那天"边缘客栈"里还有潘漠子的歌声、陈末的歌声和魏莹的歌声。关于女孩魏莹（她善良，在她自己没有工作的时候，仍然帮我联系工作。在我们当中她是年龄唯一小于我的，我们都生于20世纪70年代后期，我相信我们的年轻将成为一种力量），我想引用我的一句诗来叙述她："不知去向"——

现在我要请读者跨越1998年六个月的空间，跟随我们共同进入《外遇》的"新世界"。在1998年接近尾声时，它第四期的出版已开始运作，但面对强大的世界，它始终是一个婴儿，我们以及我们的诗是这个婴儿的内核。我们继续分布在深圳的角落，过着庸常、近乎无意义的生活，借以对诗意人生的寻找，审视自我——试图超越——并想听到自己的生命在划过天际时微弱的声音——夜空证实了我们的渺小，也必将映射（擦亮）我们的灿烂。最后我想引用我的那首《在一个夏夜，在1998年》作为这笔在路上的——流水账的结尾：

失眠的巴别塔，月亮像雨
在一些内心，钟的盛大晚会
我出席旁听，参与倾斜的柱子
那鸽子的声音，我的手是羽毛
在翅膀上辗转，
在振动中淘洗音乐，
那些脚步，
远逝的背景，
这是异乡的出租屋
1998年黯然的城市，
这是逃亡的旷野，
席子像一条河床

那些眼睛,冒着泉水的眼睛
诗究竟给你(她)们带来些什么
多像灾难,门窗豁然敞开的幸福

在一个夏天,在多年以后
我们相聚,记忆还是风暴……
——《在一个夏夜,在1998年》

背景如何重塑？

头发有些自然卷，常及肩，爱穿背心，显摆出结实的肱二头肌。急性子，说话喜欢吼，笑声像大象的叫声，笑时的表情是欢快的狡黠，外溢出些许天真。爱吃干盐巴与绿色的菜叶，这个食草动物，命里似乎缺水，所以名字浸润着水，然而再多的水，也难以浇灌沙漠，所以，他炽热的情感，只能是自身孤寂的守护。

他叫潘漠子，他的家乡是海子的家乡，他的形象，总让我想起王小波笔下的王二，以及王小波的那个裸体雕塑。

在我的印象或想象中，潘漠子与王小波有着几分神似。"浪漫骑士·行吟诗人·自由思想者"，李银河所给予王小波的评价，我觉得同样适用于他。虽然他们是不同年代的人，有着完全不同的人生履历，有着形体与思想方式的差别，但他们身上所散发出的强烈的艺术气质，那份智识、良善、醇厚、爽朗与幽默感，却有着相似性，甚至是同一性。

"走在天上，走在寂静里，而阴茎倒挂下来。"

"孤独，寂静，在两条竹篱笆之中，篱笆上开满了紫色的牵牛花，在每个花蕊上，都落了一只蓝蜻蜓。"

"我们好像在池塘的水底。从一个月亮走向另一个月亮。"

这是王小波自喻式的三句话，我把它录下来，用来形容我的诗歌兄弟潘漠子及其生活。

其实，让我将他们联系在一起的是，前些年广州美院的一个搞艺术的学生做了个王小波的裸体雕塑，这个塑像展出后经媒体报道，变成

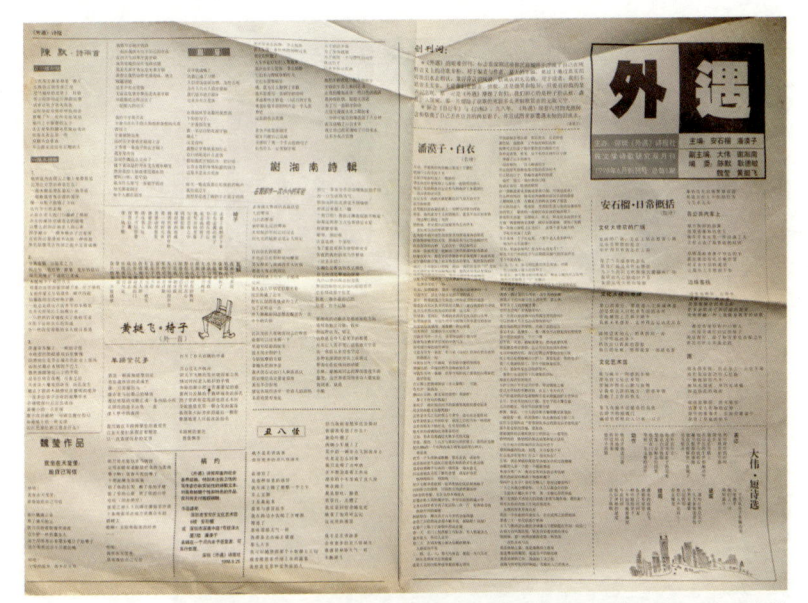

《外遇》的艰难创刊，标志着深圳这座移民商城终于浮现了自己在纯粹意义上的诗歌专柜。对于编者与作者，最大的幸福，莫过于通过真实的诗歌泪水去相认，像浮萍认识风浪，钻戒认识无名指。对于读者，我们不敢奢求太多，无论你们是指责、愤恨，还是微笑和惊异，只要有轻微的象声词出现，那一定是《外遇》摩擦了你们。我们担心的是种子拒认核，森林拒认煤炭，那一片剔除了讴歌的死寂多么类似租赁者的无限天空

"你不给我位置/我们坐自己的位置/你不给我历史/我们写自己的历史",这四行印在报纸封底宣言式"献给70年代人"的句子,同样出自潘漠子之手,当然它完全可以说是我们当时的精神写照,其实是献给我们自己的一个座右铭,在我看来70后一代诗人,是最后的理想主义者。尽管也有评论者将70后诗人称为"拆迁的一代""尴尬的一代",但在我们寻找到以诗歌写作作为自己的精神坐标时,我们其实已与整个时代的商业语境划清了界线

了一个文化事件,引起热议。我觉得这个"王二"如果让潘漠子来雕,可能会更为出彩,因为他如同从王小波小说中出走的人物,与"王二"有着精神上的共通,他可以照着自己的嬉皮又认真、愤怒又嘲弄、荒诞又现实的形态,来"量身定制"一个"经典的前身"。而他学的就是绘画,日常工作就是做雕塑,他有着将"王二"定格为冲突性的自身的优势。

这种优势,是先天的,也是后天的。事实上,做雕塑与写诗一样,这两件表面上不十分关联的事,就是潘漠子的安身立命之本,并在他身上得以完美嫁接,互为肌理。这些年,他靠捏泥巴、刻石头、画草图、设计静止的园林、雕刻流动的时光来维持生计;而写诗,却一直指引着他的生活,似一切行为的总指挥。可以不夸张地说,他是一个不折不扣的诗意的囚徒,诗歌就是他的生活方式。

我认识潘漠子时,他在深南大道最东端的经泽大厦上班,是一个公司的设计总监。《外遇》第一期就是在那里确定稿件并排版的。

后来他出来创业,开了一家"深圳市沧桑文化艺术有限公司",充满雄心壮志,将办公地点设在东方花园的一栋别墅里。《外遇》在一年时间内(1998年5月至1999年5月),总共出了四期。第一期之后,编辑部就设在潘漠子的办公室。在那一段时间,"沧桑文化"自然成为我们诗歌的据点,甚至也成为外地诗人来深的一个接待与交流中心。

《外遇》最初的成员有八人,安石榴、潘漠子、谢湘南、大伟(后来改笔名为张尔)、耿德敏、黄挺飞、陈末、魏莹,第二期后陆续加入的有黑光、乌沙少逸、黛伦、余丛、黄俊华、金鹏科,为《外遇》贡献过力量的还有罗迪、郭海鸿、朱振宁、王顺统、陆野等人。

《外遇》最有影响的一期,是推出了"中国70后诗歌版图",在1999年5月,当时我们并未意识到,这也是《外遇》的终结篇。

与诗友在莲塘，从左至右为李晃、黑光、谢湘南、潘漠子、杜绿绿

第一期《外遇》，只是一张对开的小报，之后每期都扩版，第二期变成4个版的大报，第三期8个版，到第四期已变成12个版。

《外遇》创刊号只发了诗社同仁的诗作，从第二期开始便面向全国征稿，第四期的"中国70后诗歌版图"刊出了42位诗人的诗歌，其中外遇同仁占11席，头版刊登的是安石榴的诗论《七十年代：诗人身份的退隐和诗歌的出场》，以及诗人严力的诗论《从自救的角度出发》。现在成为诗坛中坚力量的70后诗人，都曾在"中国70后诗歌版图"出现过，如朵渔、沈浩波（当时笔名叫仇水）、巫昂、赵卡、蒋浩、李郁葱、刘春、颜俊、殷龙龙、荣光启、曾蒙等。

70后诗人的概念，虽然不是《外遇》提出来的，但"版图"是首次在国内对70后诗人诗歌作品的集结展示，并让70后诗人及70后，这一代际概念推广及流行起来。有点类似于1986年，徐敬亚与吕贵品等诗人在《深圳青年报》做的"中国现代诗群大展"，不同的是《深圳青年报》当时属正规出版物，而《外遇》则是纯粹的民间刊物，它没有刊号，对应与延续的是20世纪80年代以来，中国民间诗刊的办刊精神。1986现代诗群大展，是运动式的精神狂飙，它将中国现代诗推至风口浪尖，为

80年代席卷中国大地的文化思潮之先声。《外遇》的"中国70后诗歌版图"影响自然没有那么大,但可以说为深圳这样一个改革开放的城市,在文化观念的先行与先锋上找回了对应的位置。

《外遇》的诗歌理念在创刊时就已有较为明晰的确立与表述,这体现在创刊号上刊发的安石榴写的《背景中的"外遇"》,与我的诗歌随笔《半夜三更,婴儿啼哭》中。潘漠子也写过一则简短的创刊词——

这则刊于报眼位置的简短的发刊词,我认为有两个至关重要的词语——移民商城、诗歌专柜——它点出了我们的行为所对应的城市氛围,及我们这样一群游离在体制外的诗写者集结在一起的行动意义。它有着叛逆的姿态,以及寻求精神乌托邦式的理想主义色彩——

有意思的还有,作为民刊,《外遇》还向作者发稿费,这在当时全国的民间诗刊中是独一无二的,还有报纸的版式与设计那时候就展现出了深圳设计之都的水准,甩出当时国内多数简陋出版物好几条街。这期报纸中缝的"《外遇》记事本"也很有趣,展现出了我们的态度与立场,摘录其中的三条——

"诗歌报已成往事、回忆与思念,在例行成灾的北风中,便会愈现其苍凉情怀。它的坍塌,预示了一代写作青年的爱情破灭。在文学的圣坛外,已经看不到朝拜的灵魂了。其实,我们都存在着,在一次有关文学事故的纠纷中,承受着文字的耻辱。承受并且保护着,各自心中生生不息的写作的青灯。"

"深圳商报在4月份报道了外遇诗群,题目为《深圳打工诗人群落》。我们感谢他们的发现,但不会为他们的记叙而感动。诗人应该由诗歌代言,而不是由诗人的新闻确立其存在的价值。"

"《外遇》第二、三期合计汇寄稿酬3620元。这是《外遇》尊重写作的不变姿态。再次向支持本刊的作者表达谢意。"

关于《深圳商报》的采访还有则趣事,当时《深圳商报》的记者张建强、余海波、陈远忠先是去到沙头角采访我与潘漠子,几天后他们又约了安石榴及一众诗人在宝安的桂香园采访。出人意料的是采访过程中,张建强与乌沙少逸干了一架。当时我不在现场,个中细节并不清楚,后来才听说,应该是两个人酒劲上来,观点冲突,谁也说服不了谁。

从整体的诗作来看,《外遇》成员的诗歌都已展现出自身的写作特色。安石榴后来对这一点有过论述——

"'外遇'同仁全部出生于20世纪70年代,这是'中国70后诗歌版图'得以推出的另一个私下的原因。从1998年5月9日'外遇'诗群的第一次聚会至1999年5月'中国70后诗歌版图'专号出版,《外遇》诗报正好创刊一周年,这一年中我们不光经历了写作的沉淀和上升,成员之间也在陆续离开和加入(魏莹、黄挺飞相继离开深圳,黄俊华、金鹏科加入,余丛在徘徊之间离去)。可以肯定的是,在这短暂但多变的一年,我们之间的每一个都获得了或多或少的写作驱动以及提高。11位'外遇'诗人的作品,像11道焰火,犹如点着了的导火索一样嘶叫着。假如'中国70后诗歌版图'是一个炸药包的话,《外遇》就是导火索,而我们就是埋下火药的人和纵火者。"

在《外遇》"中国70后诗歌版图"专号推出之前,还有一个插曲值得记上一笔,也就是当时我们还在一份深圳的企业内刊《电信寻呼》上推出过一期"七十年代出生栖居深圳诗人诗展"。这应该也是深圳的企业内刊对"栖居深圳"的诗人首次投以集体性关注,此次诗展刊登了安石榴、余丛、黄俊华、金鹏科、谢湘南、耿德敏、王刚七个人的诗作,我为这期珍贵的诗展写了一则简短的前言——

一家深圳的企业内刊推出"七十年代出生栖居深圳诗人诗展",这次提前引爆的"70年代诗人"身份的诗展,也像一次诗歌的"外遇",让我们兴奋了一阵

……这绝对是一种必须。对于时间,语言将使它伸展到宽广的未来;对于语言,时间将始终为其提供优先居住权。诗歌恰好是这两种物质的最佳协和,它拥有了语言和时间的黄金分割点。而人仅是时间的一种过渡,诗人的工作就是呈现这种"美好的过渡",呈现一种祝愿和追寻。诗人在工作的时候成为一个囚徒——语言与时间的双重囚徒,并且拥有囚徒的快乐、囚徒的骄傲和自足,而且以这种自我囚禁的方式来对抗外界的喧嚣,以内心的宁静来解剖世界。真正的诗人将始终用语言的手术刀对准生活的阑尾。生活是创作永恒的源泉,70年代出生的诗人的

优势在于更好地拥有生活的"现时性",我认为我们必须要抓住的也正是诗歌的"现时性",然后才可能或者更好地具备"上下求索"的空间。诗人在他自己的(他独个儿的)汉语中,对自我生命的拓展,这一过程本身的诗意,足以让诗人感觉欣慰,并将生命的激情一览无余地坦露。关于70年代出生的这批诗人我要说的最后一句话是:他们已经具有了诗歌的最佳"原创力",对生活(他的语言)敏锐的发现、体悟及把握力。

这次提前引爆的"70年代诗人"身份的诗展,也像一次诗歌的"外遇",让我们兴奋了一阵,其时安石榴已搬至下梅林的出租屋居住。"诗展"出刊时,我们在下梅林的一家餐厅里举行了一次聚会,聚会意犹未尽,从餐厅又转移到安石榴与余丛合住的"新边缘客栈",安石榴把一份报纸贴在墙上,大伙拿着报纸即兴朗诵,一直到凌晨一点左右才散去。这次诗展美中不足的是因版面所限,未能将"外遇"全部同仁的诗作进行展示,好在《外遇》"中国70后诗歌版图"即时推出,让更大阵式的作者群成为安石榴所说的"纵火者"。70后诗人诗展迅速在全国蔓延,紧接着2000年1月,广州诗人黄礼孩,在他主编的《诗歌与人》诗刊也用一整本刊物的篇幅推出"中国70年代出生的诗人诗歌展"。

然而,当黄礼孩在广州张罗着推高70后诗人的火焰时,《外遇》在深圳却停刊了。停刊的原因自然是多方面的,也有经济方面的原因,潘漠子的"沧桑文化"经营越来越紧张,我们在草地上开诗歌派对、抱着吉他弹唱爱情、饮月吟诗的节奏也不得不慢下来。

在《外遇》停刊之后,同仁们曾谋划过出一本诗合集。当时定下了十个人——潘漠子、安石榴、耿德敏、王刚、王顺健、黄俊华、金鹏科、黑光、余丛、谢湘南——2000年5月28日,我们在东方花园聚会,以

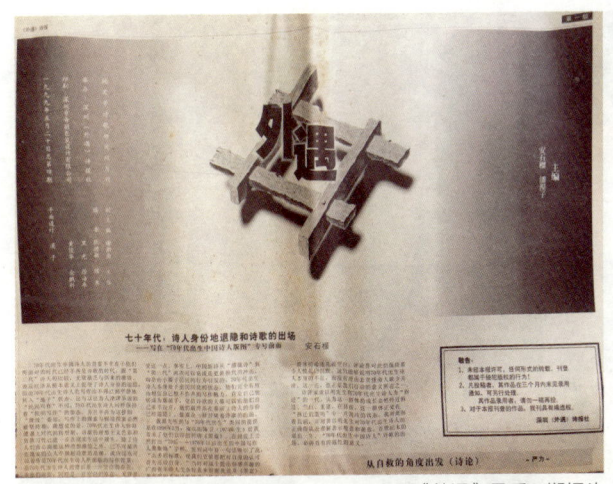

《外遇》最后一期报头

抓阄的方式决定诗集的排序，共同讨论诗集的名称。安石榴后来写过一篇《东方花园的抽签游戏》（该文后来在《深圳商报》的副刊"文化广场"刊出，刊出时标题改为《别墅里的抽签游戏》），详细记述了当晚的过程——

"……每打开一个纸团，我都像唱选票一样喊出上面的名字，并在一张纸上按顺序一一记下。抽签完成后，我将十张小纸团重新揉成团，再次扔进陶罐（到最后游戏结束，我又一次将十张小纸团重新揉起，扔进陶罐，游戏的格局永恒存在）。大约五分钟后，出于完全游戏的心理，我重新把手伸进陶罐，第一个纸团：潘漠子；第二个纸团：黄俊华；第三个纸团：王顺健；第四个纸团：安石榴……重复一次的抽签结果，有四个纸团与上次是完全重合的，而第一、二个纸团的重合令人产

在八卦岭门堂,诗人农夫为我张罗举办的"美人"谢湘南诗歌专场朗诵会

生联想或得到告诫,我们一齐感受到这个抽签游戏的'严肃性'。
……

深圳赋予我们某些游戏的规则,这个地域、现实、生活、理想渗入到我们的写作之中,与诗歌在某种程度上互有影响。可以这样说,深圳作为我们的处身之地,在现实上解构了我们的诗歌,削减了我们诗歌写作中应有的厚重、大气、史诗方向等,包括悲怆的力量,使我们不得不趋向平面、个体、具体化,同时也把我们写作的范畴、方式、观念推向宽阔。诗歌成为生存精神的巩固、延续,责任感、使命感、民族感减弱。这一点是我们并不乐意面对的，但又实在分身乏术、分心乏术！当然，一切并不意味着放弃或背离，诗歌的职责作用始终是我们内心所坚持的，对好诗的需求和准则也是一样。"

这本诗歌合集最后决定命名为《重塑背景的肖像》，是以诗歌文本针对这个城市生存背景与写作背景的又一次诗歌行动，然而非常遗憾，诗集最后没有出来。背景如何重塑？至今没有答案。之后"外遇"的成员各奔东西，很多离开了这个城市，也有些人再也没有联系，只有我、张尔、黑光是一直待在深圳的"外遇"成员。

"沧桑文化"之后大约又持续了一年，就关闭了，潘漠子将公司的Logo送给了诗人余丛，名称赠给了另一位诗人吕叶，算是在另一个层面上，"沧桑文化"继续在为诗人的精神生活提供着某种支撑。

有一段时间，潘漠子与张尔、黑光，一同又成立了一个工作室，地点就租用了莲塘的一个仓库，而这个仓库距我家只有几百米之遥。我有闲时，就常会去他们的工作室（工棚）里看他"捏泥巴"（为雕塑、园林设计等打底稿、做模型），那是回归到日常工作与生活中的潘漠子，有一单没一单地接着活儿做，这个工作室做了一年多，最后也悄无声息地停了。

之后潘漠子去了北京，在北京宋庄，他租了一个农家大院，在院子里种四季时蔬，迎来送往各地的诗友。当着一群人的面，他一会儿是个艺术家，一会儿是个农民，一会儿是个厨子（就用自己种的菜，自己下厨，宴请一帮臭味相投的人。我曾带着孩子去到这个院子看望他，品尝他引以自豪的手艺，后来安石榴也跑到北京去了，他们合住在一起好长一段时间，把院子称作"潘安大院"，直到安石榴又转移到另一个城市，"潘安大院"又回归到"潘家大院"），仍然活在诗意的景象里，而当他独处，则回到一个诗人对生活的观照中，打磨词语，写下内心的锦绣。

他把自己在院子里种的向日葵、黄瓜、辣椒、紫苏、番茄等拍照发到博客上，引来朋友的一片艳羡，他自然也很是"嘚瑟"，更加来劲地传播着自己生活得好的信息。或许这背后同样有着很多艰辛与不易，但大多数人所看到的，这就是他生活的常态与生活的态度，他把美好的一面展现给朋友，把诗意的生活形象化地放到最大。他形容自己是"生于当下，活于魏晋"，这或许就是一个诗人在当下所需要的内心的荣光，这也正是他在一首题为《雪》的诗中所坦露的心迹——

> 今天，我的身体漫天飞舞，披盖万物
> 今天，我洁白清远，照耀千年
> 今天，阳光远去，众生践踏
> 今天，漠子的莲花涤荡大地
> ……
> 今天，没有异地，只有故乡
> 今天，我住进自己冰雪的内心
> 来慰藉和培育冰雪
> ——《雪》

不停搬迁的"边缘客栈"

最初的"边缘客栈"也就40多平方米,在宝安74区的一栋民房内。印象中74区的房子都长得差不多,但比起市区内城中村的房子,它们的间距要宽些,似乎是经过规划而建的。这样一栋农民房里的两室一厅,普通得不能再普通,然而当时,它却是一群诗人的聚首之地,我们常在那里打地铺过夜。

宝安有多少个区?我不是很清楚。后来宝安出了个文学团体就叫"31区",但那已是后话,比我们在74区的厮混要晚好几年。

安石榴当时的上班地点在宝安区的老文化大楼2区。他曾写过一首很具实验性的诗《二十六区》,写他坐公交车从2区出发,经过3区、4区、5区……到达26区,与朋友在一家小店前喝了几瓶啤酒,然后又从26区返回,经过25区、24区、23区……最后到达2区。

有如一个酒鬼似醉非醉的呓语与内心独白,一个镜头,徐徐向前移动,从一个醉酒者倾斜的视线中,交代了整个宝安宁静画面后的风起云涌。

安石榴从文化大楼搬离,在74区租了这套房子,然后将它命名为"边缘客栈",当然它不是对外营业的龙门客栈,它只是一个诗人对自我精神归属的指认。究其缘由,安石榴曾自己在文章中交代过——

"边缘客栈"的命名缘于对边缘的遭遇,也可以认为是诗集《边缘》所带出的行动的延伸,同样具有我所阐述过的地域、生存和语言三

我与安石榴

种边缘状态。边缘作为一个代称,从其本身的含义可以领会得到。"边缘客栈"靠山,一座山挡住了观望,同时提供了揣测。这座山在行政划分上是一个极地,山的另一面则是属于另一个行政区域。"边缘客栈"作为边缘人的栖身之所,生存的意义自然呈现,而边缘人在边缘处的求索,均可用"语言"这个词来指代。语言不仅仅可以指代我们介入的写作,尚可指代思考、交流、阅读等等精神行为,包括对行为的阐述。概括来说,"边缘客栈"是散发着磁场作用的聚集,投奔之所,更是一个能够栖居下来,自由生活的去处!

安石榴留着一口金斯堡一样的络腮胡子,把自己的卧室叫作"矮种马诗室",他的个性与趣味对我有种很强的吸引力,当然更重要的是我们对诗歌审美上的相互认同。潘漠子曾画过一幅安石榴的漫画像,抓住安石榴似金刚怒目的一瞬，很是传神。但事实上生活中的安石榴很少会愤怒，他总是面带微笑，说话声音细柔。

"边缘客栈"就像安石榴在深圳的生活本身，从他自《大鹏湾》杂志离职之后，并无固定的居所，它在这个城市里不断搬迁，为这个城市的不同地方，创造了诗歌与诗歌生活的切口。我见证了这块"招牌"的颠簸，在某种程度上，安石榴及"边缘客栈"的不停搬迁也是早年众多深圳人的一种生活写照。

1998年之后，"边缘客栈"从宝安搬到了下梅林，之后它又随着安石榴工作的变换，不停地在深圳各地辗转。上沙、金坑山庄、金塘街——最后他搬离深圳，去到广州——

然而无论它搬到哪里，不出一个礼拜，它就会重现于我的法眼之中，我又同这屋子里的人一块喝酒、说话、唱歌、诵诗，干我们喜欢干的别的事情。我想说的是每一个身居异乡的人都需要这样一家客栈，用以存放他们寂寞的行李，存放那一丝心灵不停漂荡的倦怠。

记得"边缘客栈"在下梅林时，我们一群诗人聚会兴起，曾去到梅林水库裸泳。我还光着膀子蹲在水库堤坝的一只果皮箱旁留影，用孩童般的顽劣完成了对自身的反讽。

某夜，在金坑山庄，众文朋诗友聚在一起，酒喝得正酣，不知因何，触景生情，我竟不能自控，痛哭流涕。

2000年12月的第一个周末，我收到我的第一诗集《零点的搬运工》，去到金塘街"边缘客栈"与诗友聚会。当晚我们举行了一场"诗歌摇滚之夜"，大家各自用家乡话读我的诗，敲着碗筷与酒杯，用摇滚的方式演绎，一时间狭小的出租屋内响彻了湖南话、广东话、四川话、普通话……的诗歌原声，那是生命力充沛的吼唱，硬核加朋克一样的放纵。我们的诗歌摇滚惊动了邻居过来敲门。那晚在现场的诗人有安石榴、彭天朗、巫国明、黑光、黄俊华、王刚、王顺健、马永烽等。后来诗人巫国明还写了一篇《出租屋内的诗歌摇滚》记述那个美好的夜晚，安石榴在《我的深圳地理》一书中也多次提及——

"我们用崔健、唐朝、黑豹、零点等耳熟能详的摇滚方式朗诵着诗集中的诗歌，在声音的轰鸣和坍塌中重现诗歌流逝已久的激情。那一刻，我们似乎找回了先锋诗歌的那种'嚎叫'的魅力，找回了艺术的那种'混沌'的力量！"

白石洲的"黑石头"

在深圳，有几个房租便宜的地方，这是大家都知道的，白石洲就是其中之一。

在白石洲，狭窄的街巷像一片河滩堆满了沙子、水泥、砾石，拆拆建建的民房似乎永无休止。我时常在这些看起来很不稳当的脚手架下，心悬着，穿行往来，为了与我的朋友黑光——这块蜗居在白石洲内部的黑石头——相聚、言谈，将一个路边店的鸡煲就着啤酒沫吃干到锅底。

把黑光比作黑石头，大致上是贴切的，因为他们共同的特点除了黑，就是不说话，在陌生人面前，这块石头会将自己的特点发挥到极致。

但也有神奇的力量让黑石头打开话匣子，这种力量我认为是来自诗歌与诗歌的外延。在夜里，很深的寂寞像一井水，黑石头心里则起了波澜，他开始用诗说话，他说写诗是他说话的方式。诗而歌之，一个长头发男子站在夜色合围的窗前时，看见了什么呢？

有一段时间，我可以肯定，这块黑石头看到了爱情，他正被爱情这个好东西的魔力包裹与渗透，我作为他身边的好友，见证了他的欢愉——他发出的黑色光束柔软、润泽起来。他一天写好几首诗，给同一个女孩子的不同侧面与身影（我读了那诗，那有着细腻触觉的燃烧情感，恨不得能变作女孩，许给了他）；他原本就是学画画的，因此那女孩的画像就在他心里、眼里、纸上、电脑屏幕不停地跳跃，腾挪，直到存进他永久的诗歌的仓库。

与诗人黑光(左)、艺术家彭天朗(右)在梧桐山艺术小镇

然而作为大工地的白石洲，它日夜的喧腾并不是为了建造一所爱情的楼房，写诗的黑石头陷入了长久的失眠里。那时我在沙头角住，很多个星期天，他就跑到我那里，倒在床上就睡着了。醒来后就要走，说是还要到书城查找资料……我目送着这个日益消瘦的男子走下楼去，心里则有一块石头沉到心底。

我无法不想到黑光
寡言的男子，像是掌握了失眠的本能
闷闷不乐的技巧

公共汽车的嘈杂中
传来他的声音，他的脸
像水泥地上晾晒的苦瓜
被热烈的阳光
掠走了水分……

这是那段时间我写的一首题为《黑光》中的句子。当"黑光"成为一个词语，成为一首诗的标题，我希望的是通过词语拓展的空间来消减和分担具体的黑光——生活本身的沉重。

这些年，生活的烦恼好像真的无时不在缠绕着我们内秀的诗人黑光，他把他的忍隐、对世间苦痛的宽宥都倾注在他的诗情里。1999年底，他还跑到福建的一座山上静住了数月，练就了看淡一切功名的心境。我曾经在梧桐山山顶的迷雾缥缈中听他诵经，他把一段在我看来毫无具体意义的经文念得像流水一样，令我难忘。

好静的黑光，还喜吃素食。记得有一次我们一起去菜市场买菜，他说一看见那些鲜嫩的青菜就感觉特别舒服。因此他的瘦并不完全是"爱情在诗歌中的经历"的结果。那时的黑光在一家美术公司做着一份平面设计的活儿,忙得只有爱情来找他的时间。当早晨他匆忙从床上爬去赶公共汽车,汇入上班的人流,穿过白石洲街道——两边的店铺、路边卖早点的小贩、坑洼路面上污黄的水渍、脚手架上乜斜的眼神,他被这一切,这新鲜的一天,好奇的一天重新认出……

一座滋养诗歌的"花园"

我不是很清楚,白石洲算不算在华侨城的领地之内,估计大概是不算的。因为华侨城与白石洲有着十分明显的反差。如果把华侨城比作一座富丽堂皇的宫殿,那么白石洲则是这座宫殿边上的一所瓦房。富丽堂皇的宫殿与平民的居所,在此中穿梭的人,一眼就能深深地体味其中的差别。

华侨城既名为"城",可见也是有相当的气势。在这"城"里,有着世界之窗、民俗文化村、锦绣中华、欢乐谷等几大深圳的有名景点,来深圳的游客,像过江之鲫,一般都是不会放过这城中之城的流光与溢彩。

但作为在深圳待熟了人,对这些景点不免就有些麻木,比如我,更多的时候只是把这些景点的名称当作公共汽车停靠的站点。我十分清楚,过了锦绣中华,下一站就是芳华苑,再下站就是世界之窗,然后就是白石洲。如果我仍然不下车,歪着个脑袋,不知在琢磨啥,一不小心就坐到了大冲。但这样的事是极少发生的,我通常会在芳华苑站,从公共汽车的人堆里拔出一条人缝,钻出来,跳下车,摸一把额头的汗,走上人行天桥(我觉得芳华苑人行天桥是深圳市最漂亮的一座人行天桥,站在桥上,穿过桥两边的绿荫,可以清楚地看到华侨城这段的深南大道的两边)。我要走到何香凝美术馆的一边,走进它旁边的东方花园Q901屋子里,我有很多个有聊或无聊周末都是在那里度过。

下棋、聊天、打牌,生活显得无比地欢愉,在回廊里,闻着桂花的香味，吃了朋友亲自烹饪的晚餐，然后就听到与屋子只有一条几米之隔的沟渠那边，世界之窗"砰——砰——砰"地放起了烟花。视野中的天空瞬即灿烂，夺目的色彩将夜空一次次拉高——

我们转移到花园中一个开阔的草坪上，在这里可以看出去很远，可以看到填海区、滨海大道以及远处的深圳湾，能见度好的时候还能看到香港的楼房与灯火。这是个诗歌的草坪，我们曾经多少次聚集在这里呢？真的，记不清了。看晚霞、说瞎话、唱歌、呆坐着、朗读诗……有时是一群人，有时就三五个人，像逗留在苍穹上的几颗星辰，直至无语地隐匿。花园里真正安静下来，很多空置的别墅，透出深邃和诱人探知的神秘。因此朋友时常而隐约的话语就是：等发达了，一定要买一幢来住。可是到底啥时能发达呢？

这位朋友就是潘漠子，他是《外遇》的主编之一，他自己弄了个文化艺术公司，租住在这个花园里四年多，搬了四次家（**三次在这个花园内挪动，有一次还不得已搬出了花园**），开始租的是一幢别墅，房租每月近万元，现在租的是一层，房租每月三千多，仍然是工作室与居家在一起。那几年，他赚的钱差不多都跌在这房租里了。有时我也替他纳闷，他完全可以用租房的钱去买套房了，但每次同他谈起，他都说是为了接业务方便。但我知道，他其实是迷恋这里幽静的环境，他身体里天生的艺术气质已经习惯了这华侨城里的几分童话、几分橘黄的气息。每次在花园里散步，看到从头顶上空穿梭而过，名为"欢乐干线"上圣诞老人拉着的前行的观光车厢，我就想，那车厢里装着的应该是我对朋友的祝福。我那些年在华侨城一带的逗留，都是因为他和另外两位住在这里及旁边的朋友。

有时我在他这里玩得很晚，就住下了，但有时我也会去租住在白石洲的黑光那里过夜。我和黑光从Q901一同走出来，经过夜风中摇曳的芒果树，再从黑暗中的雕塑身边有声地走过，向午夜的白石洲仍然喧闹与暧昧的烟火气息，一步步走去——

一座城，一种生活方式

我关于华侨城的记忆是从1998年开始的。在1998年至2001年间，在华侨城的东方花园我和一群写诗的朋友曾有过一段非常惬意的时光。在东方花园开阔向海的草坪上，我们弹吉他、唱歌、讨论诗歌、看月亮和烟花、喝啤酒、等待女诗友、下棋、傻坐……我们干了所有年轻人能干的事，张扬着自己的热爱，几乎是在挥霍自己的激情、青春和与这个城市环境截然不同的感伤（虽然各自生活也面对各种现实的困扰）。

星期天的早晨，其实已经是上午，我揉着睡眼醒来，就听到"世界之窗"传过来的歌舞声，导游向游客的讲解声（Q901与世界之窗就隔着一条几米宽的水渠与一张铁丝网）……而睡在旁边的几位诗友都还在熟睡。毫无悬疑，对我们这群人的生活习惯稍有了解的人都知道，我们又度过了一个跟诗歌有关的亢奋夜晚，客厅茶几上烟灰缸里积满了烟头，几只茶杯里还有残存的没有清倒的茶叶……

奇怪的是那时候从未想过要踏入何香凝美术馆，虽然它就在东方花园入口旁，虽然经过时也看到有相关展览的巨幅海报。但从未进去过，从未有过冲动。而在美术馆周边随处可见的雕塑，也觉得很平常，觉得它就应该是在那里的，没有这些雕塑自然地安放在树丛、建筑与街道之间，没有美术馆，没有华夏艺术中心，没有生态广场，这个地方怎么可以叫华侨城呢？每当在花园里散步，突然看到快乐干线——那辆流转在空中的小列车——从头顶驶过，就会有一种要抓住它的奇怪念头，仿佛自己突然摇身为巨人，而那辆车只是承载儿时梦想的玩具。

2003年当我变成一个媒体人，跑起文化新闻来的时候，才真正对何

在华侨城创意文化园凉茶铺空间举行的谢湘南诗歌专场朗诵会

香凝美术馆（及后来建成的OCT当代艺术中心）熟悉起来，差不多每隔一个星期就会往这边跑，频繁的时候一周要跑好几趟。对于有了新闻意识的我，这里成了文化与艺术事件的"高发地带"。我几乎观看了这里举行的所有展览，穿梭其中，似乎仍然是这里的日常生活的一部分。虽然以前那群写诗的朋友已各奔东西，但当我抵达芳华苑站台，走上那个有拱顶、两侧时常盛开鲜花的人行天桥时，我似乎仍然是走在与朋友聚会的路上，似乎朋友的身影依旧在东方花园的林荫小径上将我等待。

2006年10月14日上午11点，我独自携带一台尼康FM2，从创意园开始，在华侨城的街巷里随意地边走边拍，从创意园步行到生态广场，从生态广场坐华侨城内部的区间巴士到波托菲诺，再坐区间巴士返回到生态广场周边、民俗文化村，直到天黑，我拍完了所带的10个胶卷。那一天我觉得自己是一个十分富有的人，我的包里、我的相机里装着装修中的艺术家工作室、亭子里看书的小朋友、公园里的情侣与爷孙俩、生态广场上排练舞蹈的女孩（她们的汗水、体香、青春的节拍谋杀了我多少胶卷）、路边吃盒饭的人、在货物上睡午觉的人、等地铁的中学生、趴在鱼缸边的猫、路牌、一个又一个路牌、玻璃橱窗（橱窗内有轮船模型、茶叶与茶具、床品、房产信息）……我从未一次拍下那么丰富的一个世界。如果说我是在华侨城搜寻与捕捉关键词，不如说我是在记录发生在这个空间里，关于我的将来的记忆。这样的一天它将成为一个开瓶器，将华侨城这瓶珍藏了20年的葡萄酒开启——

其实这个开启计划从当年的9月1日就开始了，艺术家徐坦作为策划人，它试图将"华侨城"这一关键词，和在这一社区生活与工作着或生活与工作过的各行各业的30个人形成城市空间与人的"互文性"（用影像、图片、文字等艺术与文本形式在华侨城地产20周年庆典活动中予以展示），从记忆或现实的对接碰撞中，考察空间嬗变与人的成长某种裸露而又隐秘的必然联系。

是谁建造了华侨城？华侨城又怎样改变了这里的人的生活？人的命运与城市的巨变到底有着怎样的千丝万缕的联系？30个人，也许有30种生活方式与人生态度，但呈现或书写他们人生传奇的关键性地点只有一个，那就是华侨城，就是深圳。他们在这里出入与劳作，他们的梦想与辛酸，都被这里的白天打开与展露，被这里的夜晚盛放与包容。

9月10日，一支由新闻界、深圳大学、广州美术学院学生组成的六人工作小组开始进行具体的采访与调查工作。至10月18日，我们的工作小组完成了20位在华侨城工作或居住生活的市民采访，这20人中层次丰富，既有保安员、清洁工，也有大学教授；有策展人、艺术家、设计师，也有职业技术人员、普通教师、医生、小学生；有演员，也有外籍实习生，等等。他们各自精彩的人生故事，都与华侨城这一深深嵌入他们记忆中的名字有着不可分割的关系。他们记忆或者畅想，他们的爱与痛都已经融入这片生机勃勃的土地。自觉或不自觉地融入其中，可以说是这群人生活与工作在华侨城的最大的共通特征。

一座城中城，一个渗透着文化创意、艺术化的生活社区，一种生活方式。20年造城运动，华侨城凝聚了多少来自四面八方的杰出英才，当这些人中的极少数与我们面对面的时候，我们可以感受到一种潜藏在他们日常生活与日常行为背后的精神自觉，那就是对于这样一个自由空间的眷恋，那就是油然而生的家园意识，虽然生活中也会有这样与那样的不如意，但他们对华侨城的环境可以说已真正融入自身的生命体验，而且也必将是生命旅程的关键一环。就像诗歌与诗人的"外遇"，曾经在这里藏匿，那么安静地成为她的一部分。

送安石榴

他是一个安静的诗人,他是一个不安的诗人。

他迷恋着自身的影像,在饮酒中完成词语的敲打、人生的分行;他穿梭在京广线上用从不停歇的步履,拨弄着命运的轨迹。他的轨迹,是这个时代中,不安于现实环境的所有青年的轨迹。在安与不安之间,他有如一计准时的钟摆,敲醒了自身,也提醒着同代诗人:"在时代的钟座上/没有什么比磨灭端坐得更久!"

他叫安石榴,一首诗中的安。安静时,他常会与另一个自己相遇——

"安在一次外出回来,推开屋子的门,发现屋子里的一张椅子上,坐着另一个安,正对着墙壁微笑。与安在屋子里坚持的习惯如出一辙,仿佛就是他自己一直坐在那里从未离开过。那一瞬间四周陷入了死寂,与平日寂静的情景是不一样的。时间过去很多年了,安再也没有看到过自己固定的抽离不去的影像。于是他陷入了奔走与不安,越来越多混淆的模糊不清的梦魇出现在他的神思交错之间,他感到自己可能已经迷失了!"

从安到不安,他一直在自观。他看着自己分裂成不同的安,出现在不同的城市,在这些城市的街道上,留下"一个自我的空虚的陪伴者"。

在研讨会上发言

　　他就是这样一个幻想者、行走者、漂荡者,但又无时不在各种喧嚣中,确认自己的身份,试图用滚烫的真实,将那个漫画像中,天然的卷曲的头发弥散着炽热情欲的金斯伯格似的人物,还原成自己。

　　"我坐在屋子里唯一的一张椅子上,长久地陷入身体和灵魂的喧响,像一具微笑的雕像般一动不动,一动不动,甚至可能椅子从背后被人抽走都不会知觉;另一个不知是真实还是虚空的我就坐在旁边,或者更多真实和虚空的我已经夺门而去，我依然一动不动，一动不动！"

他的存在，就是这样一个个电影般的场景，出走、逃离、不动……他在对自身存在感的不断捕捉中，完成了一个乡村少年进入都市后的、密布戏剧冲突的诗意建构过程。他在一座城市里不停地搬迁自己，他在不同的城市之间玩着乾坤大挪移，他的身体甚至已追不上他的想法，他想安，然而多数时候，得到的都是不安。

我能时刻感受着他的安，体味着他的不安，尽管现在，我们不在同一个城市。我们几乎有着相同的成长背景：在农村长大，没接受过什么正规的教育，都是在1993年来到深圳，把深圳当作生命中最热爱的一个城市，将诗歌嵌入这个城市的背景。

"我几乎为我住过的每一个地方都赋予过热情洋溢的诗篇。我熟悉深圳的每一个角落，我是深圳的活地图，在大街上我给别人指路比交通警察还要老练和热情。毫无疑问，我热爱上深圳了，尽管这座漂亮的城市一再将我拒绝，但这有什么要紧呢？说实话，我至今已不再在乎自己是不是深圳人了，生活的过程才是重要的。很多人一生都弄不懂自己置身何处，弄不懂自己在那里生存的意义。我也不知道，但我至少到现在还知道寻找！"

翻看他早年的散文集《我的深圳地理》，其中熟悉的文字，总会勾起我漫无边际的回忆。我们一起消磨过那么多好时光，被诗歌牵引着，如同一对兄弟，安静地守候着语言密林里的灵光闪现。在庸常与贫瘠的生活中，释放青春的激情。在宝安74区那个命名为"边缘客栈"的出租屋内、在上沙、在梅林、在巴登街与金塘街、在东方花园……这诸多的深圳街巷里，都曾有过我们饮酒作乐的身影。

我始终认为，深圳的美丽是因了我们才多出一份魅力与传奇。而在2000年冬天，这份魅力与传奇的色彩已经在悄然发生变化，变得黯然和幽晦。我们当中优秀的活动家、诗人，我们的朋友——安石榴，就要告别我们，去到另一个城市，去创造他美好的前程。这是深圳诗歌的严重损失，也是我们——深圳诗人，心中莫大的遗憾。无论相聚抑或别离，使深圳在我们心中不会孤寂的仍然是自我心中的一种信念——友谊长存，各自珍惜。

多少人来了又走了，多少人还未及与我们照面，就匆匆将他们的背影，扔在了这个城市的风中。多少人——曾经与我们并肩走在深圳的街头，用他们的身影抱紧我们的身影，用体温积高我们的体温，用呼吸将我们的呼吸叠得厚重。多少人——相聚在一起，在深圳唯一的"边缘客栈"，用诗歌的脐带畅饮着这个城市的无奈、怅然、希冀、喜悦、疯癫、狂躁、喧嚣、宁寂。1997——1998——1999——2000，时间的刻刀粗糙地雕造出我们的群像——生活与诗歌这架失重的天平。我们的兄弟，老实巴交的黄挺飞走了，四川一乡村的教鞭将始终抽打着他回忆的不安。耿德敏，来自贵州的"夜郎"——走了，徘徊着、理直气壮，走了。还有徐海东（余丛）左顾右盼、晃晃悠悠，将他的唠叨和鬼机灵般的脑瓜子还回到符马活的中山。如今，一直像镜子和闹钟一样站在我们中间的安石榴，也要将他的诗歌列车开到另一座城市，将他"边缘客栈"的招牌在未遭遇深刻的伤害之前转移到广州，将我们灵魂和身体的一些局部带走，要用空寂的思念空酒瓶的孤独来填补。2001年1月13日，这既成的事实，让我们未来得及思索，就举起了酒杯，要将和风酒楼——这"离别的欢乐"——揽入怀中，饮入腹底。

巫国明带了酒来，彭天朗带了诗来，谷雪儿带了歌来，我带了舞来，谢宏、少逸、王刚、戈林才、罗迪、黄俊华、薛云麾……带了眼睛、相机、掌声、叫喊、敲桌子和碗筷的动作来，和风酒楼的老板将他的"好风"都端到了桌上来。喝,劝君更尽一杯酒,西出深圳有故人;喝,今天的离别是为了明天的相聚;喝,什么都不说,杯中有酒就是诗。"喂,王顺健,在哪儿呢?在汕头?大伙都在这儿呢,你快飞过来吧。""喂,嘉敏呀,你过来吧,全深圳的'大人物'都在这儿呢。"

谷雪儿亮开了嗓子,《香格里拉》,我自己写的,送给安石榴。

"骑着马我本想走天涯,却发现这里就是我的家。草原上绽放着七彩的花,悠悠传来心香的土泥巴。美丽的香格里拉,美丽的香格里拉。传说白度母在这安了家,养育了我妈妈的妈妈,从此人们再也没有离开她。美丽的香格里拉,美丽的香格里拉,你圣洁地遥望着神秘的拉萨,你听我埋藏心底千年的情话,你是我见过最洁白的哈达。美丽的香格里拉,美丽的香格里拉,我心中……"

我在旁边伴舞。在文化站猫了几年,孔雀开屏没学会,学了两手蛤蟆打太极加狐狸摆尾,情不自禁就露一手。谷雪儿说,从没见谢湘南这么活泼过。是呀,人生又能有几次,有几人让我情不自禁呢?与黄挺飞告别那一次,我俩立在八卦三路他的宿舍楼下,胸贴胸抱了很久……再唱,"朋友呀你明天就要远走,干了这杯酒……"歌声里的缓慢、忧伤多过田震了。再来一首,崔健《苦行僧》,都说这是我们每个人的写照:"我要从南走到北,又要从白走黑……"

老彭诗写得少,这几年几乎不写了,但他绝对是个诗人。他与安石榴泡在一个出租屋里,今天安石榴要走了,从他频频举起的酒杯中,我看到他内心掀起的风暴与波涛。再听他读的那首《泡——致新世纪》:

"我喜欢把自己泡在酒吧里/然而 这样的时间并不多//我把穿过的内衣/内裤 外衣/外套泡在 水桶里已有/两个月/我把用过的碗筷 泡在/

锅里 已有/一个礼拜/这样的时间已太久//我在杂志社泡了有半年/我在世上泡了三十七周岁/我在二十世纪泡了 近半个世纪//我还能怎样泡/怎样泡……"

他的老花镜似乎要被他从腹部吹出来的泡泡吹到天花顶上，他是决意要把深圳的这个"五好之夜"（好酒、好诗、好歌、好舞——送好人……）泡得更加柔软，他不紧不慢地将他呼吸的空间具象成弥漫在我们耳际的"泡"，就像那刚端到餐桌上的水煮鱼，仍然在梦幻的水乡，吐纳他成年之后的童真。跨世纪的道路泡成了面条。哦，喝高了，喝高了——来，大伙儿吃点面条。

小薛在那里猛照相，不愿意漏掉我们每个精彩的"怪模样"。安石榴剪掉了金斯伯格那样的胡子头发，坐在那里，少年一样，春风疾疾的笑靥。安石榴剪掉了头发，很多人初看他，认不出来了。再多看两眼，那感觉真是很滑稽，等确认那个人就是安石榴时，大家都会意地笑了。哈哈——来，喝酒，喝酒……什么都不用说了，"杯中有酒就是诗"，巫国明说的，他啜了口酒杯，猛然醒悟过来的样子，掏出笔记本，记下这样一句"妙词"……

酒，是冬天，或者说是我个人的伤感。今天我们为安石榴送行，那么，明天，谁又来为我们送行呢？大伙儿也许都这么想过，也许没有。深圳，只是生命的一个驿站，而我把它当作内心的一个墓地了，我要腐烂在深圳，我要让寂寞和孤独都长出绿叶来。

从广东诗人俱乐部到白诗歌

很多时候，我都觉得灰不溜秋的天空在对我翻白眼，那时刻，世界被分成眼白、眼黄、眼红……我双眼一抹黑，决定与灰天空干一场。我有这个底气，因为我有白的立场。我脚下的白，是鉴定灰空白眼的宝鉴。

十年，一群青年告别了哈利·波特；十年，从广东诗人俱乐部这个坛子里长出来的"白诗歌"也伴随着中国这个魔法般的冷酷世界，得以找到自身的语言归宿。在这里玩耍的一群人，也都像小哈利一样成长起来，虽然没有魔法，但拥有了真挚的对世界的判断，有了无限的对待友谊的热忱。

"白诗歌"不是一种严格意义上的诗歌样式，甚至也不是对诗歌的一种定义，它是举张在污浊世界里白起来的诗人的存在之辨。白诗歌更多是一种情感的交集。如果要许给它一个未来的方向，那就是维系在诗歌自身当中的一种洁身自好，这也是诗人之所以是诗人，是这个世界的热泪盈眶的旁观者的所有缘由。

这是我2011年为《白诗歌》第六期写的编前语中的几段。这期刊物出来时，曾于当年10月1日晚，在园博园内深圳市社会福利基金会茶馆举行过一场首发式与朗诵会，场地是诗人李晓水联系的，那是美好的一天，平常安静的园博园，流淌起诗歌，当代诗在仿造的古典园林中找到恰当的听众。

《白诗歌》于2005年创刊，2007年出第二期，曾在深圳中心书城的尚书吧做发布会，那一次还印了白诗歌T恤，气氛热烈，相当正式。记得第三期的发布会放到了华南农业大学，那次是5·12汶川地震刚发生不久，我们从深圳驱车前往广州，与华农的师生们一起，用诗歌为灾区的人民祈福，当时学生们在现场点了很多蜡烛，场面感人。2013年，《白诗歌》出了第七期，中间又停止了两年。2015年底，李晓水张罗着注册了一个白诗歌的微信公众号，以白诗歌同仁轮流主持编辑、每人编辑一月的形式操作，就像往年在广东诗人俱乐部论坛上轮流值班，选编点评论坛诗歌帖子与编《白诗歌》纸刊一样，但断断续续更新到2016年7月，停了下来。

2017年9月23日，《白诗歌》推出第八期，这一期是专为纪念白诗歌的重要成员诗人汪白而出（汪白是湖北籍诗人，在深圳生活多年，我的印象中，他是一位乐观豁达的诗人，一位热情的兄长。我们曾在白诗歌的多次活动中相见，但无太

不管是为过去时间的写作，还是为未来时间的写作，"白"作为一种尺度，它还将继续度量并界定写的维度。白不是自由，白是对自由的追逐

多私下交往，他也曾为我的诗歌写过评论，后来他因病返回湖北襄阳老家休养。2016年9月的一天，在襄阳因车祸不幸离世，英年51岁，不禁让人唏嘘命运的拨弄），由李晓水主编，当天在深圳前海自贸区天供茶生活馆举行了发布会。

那天我到达现场时，已接近发布会的尾声，朗诵环节已经结束，诗友们在开会探讨"白诗歌"未来的走向，大有要做成一个诗歌流派的意向。2017年10月19日，"白诗歌"公众号重启，李晓水拟出一句口号"白诗歌：不骗你，一定是汉语最好的诗歌"，口号归口号，如何做到"最好"却是无法定论的事，从中我看到更多的是诗人激情的自我。人到中年，不被俗事所缠绕，铁了心似地投身在写诗、编诗的事业里，实属不易。白诗歌持续10多年，也可以说是见证了诗歌民刊从网络论坛到纸刊、到公众号的一个轨迹。

说起"白诗歌"的源起，要从网络论坛、诗歌BBS的流行说起。1999年，我买了自己的第一台电脑。在2000年左右，中国的诗歌现场一步步转移到互联网上，BBS开始流行，一大批诗歌论坛火热一时。我那时刚学会上网，热情也很高，常在诗生活、诗江湖、扬子鳄等网站与论坛转悠、探望、发帖。那种写完诗即刻贴出去引发围观与评论的快感，把在传统文学刊物上发表的缓慢完全取替了。网络论坛的互动性，给当代诗歌制造了一波热潮。

诗生活网是深圳诗人莱耳于2000年2月创办的一个纯诗歌网站，它对中国当代诗歌写作的推动作用，可以说胜过众多的文学杂志。在诗生活网集聚了全国的诗人（当然也有外国诗人），它不仅是一个诗歌交流平台，很多诗人把这里当作了自己的一个精神家园。一大批诗人，成为网站的志愿者，为网站的持续运作义务工作，为他人（当然也是为诗人自己）服务。诗生活是网络时代的诗歌之声。在诗生活五周年时，我曾应邀写过一段感言——

在白诗歌发布会上读诗

    这些年来上"诗生活"成了我的一项日常习惯，成了生活中不可或缺的内容之一。

    诗生活走过了五年，这五年见证了诗歌因网络传媒这一新兴传播平台的崛起，而重新振作起来的民间诗歌的自由精神，诗——生——活，每一个字都意味着光源，而它们的组合则如同一个磁场的诞生。它的吸引力来自每一位爱诗者的自发与自觉，可以说它凝结了中国当下诗歌最优秀的生长力量。它无门户之见，有着平等的交流与碰撞，并让诗歌生发出震撼的可能。

    从诗歌出发，生活在高处也在低处。以生活作注，诗歌在灵动与豪迈之间游刃的是这个急剧变化的时代的逼真细节、感动与焦虑。

    希望"诗生活"继续以蓝天的明洁与纯粹记录诗人在这个时代的疼痛、欣喜与抚摸；并生成"黑洞"般立体的包容与强大，与诗人一起成为宇宙中的物质……

当然，诗生活现在还在，它是坚持得最好，也是最纯粹的一个诗歌空间与网络平台，只不过，现在更多人已把视线转移到移动终端上。但一首好诗，你不去与它相遇，并不是诗歌的损失。

2002年，诗生活网开设"广东诗人俱乐部"论坛，我是首任的四位版主之一。关于"广东诗人俱乐部"创立的经过，在其一周年时，我曾写过一个帖子发在论坛——

关于"广东诗人俱乐部"
2003.6.1 凌晨

应该说"广东诗人俱乐部"诞生于2002年5月底在深圳举办的"绿色诗歌"笔会。这次笔会是由我的朋友彭天朗及安石榴策划的，当时的想法就是利用国际环保日这个主题，为写诗的朋友提供一个聚会的机会。

这次笔会广东的一些写诗的朋友都到场了。在会上，大家就觉得可以在网上开辟一个大伙儿一起来玩的地方，当时诗人莱耳（诗生活站长）也是我们这次笔会的重要嘉宾，当即就很欣然地决定在诗生活网站上来为我们造一个这样的"坛子"。出于莱耳对我的信任，她当时说由我来做版主，后来考虑到我上网时间有限，我们就把诗人大草拉了进来，他在网络上比较活跃。刚开始在我们的版主队伍中还有谷雪儿和于馨宇两位女诗人，因为要阴阳平衡嘛，但后来小于出国读书了，谷雪儿事务繁忙，要全国各地跑，所以也就脱离了我们的队伍。

2002年6月7日，莱耳告知我"广东诗人俱乐部"开通了，当天夜里我就跑上去发了第一个帖。现在回过头来看，真是时间倥偬，仅仅是洗了一把脸或者睡了一觉的工夫，就是广东诗人俱乐部开坛一周年了。

在一年的时间中"广东诗人俱乐部"可以说已经形成了一种良好的讨论诗歌的氛围，吸引并凝聚了一批年青的诗歌爱好者和写作者，大伙

白诗歌在广州

儿都能以平和的心态，以诚相待，以诗会友，共同促进诗艺进步。活跃在论坛上的诗人有李以亮、黑中明、水木菁华、花间一壶酒、水上漂、兰马、徐晓宏、小引、烽烟等，他们都形成了自己的诗歌见地，开拓了自己的诗歌空间，至关重要的是一直在内心保持着一份对诗歌的热爱和时刻写诗的冲动。广东的一些青年实力派诗人也时常在论坛上展示风采，如宋晓贤、黄金明、安石榴、余丛、魏克、薛广明、方舟等。论坛上还涌现了一批很有潜质的更为年青的诗歌写作者，像小抄、一回、陈述、闫文盛、音尘、00、吾同树、流浪的红舞鞋、原玲、苏浅、火头、罗西、阿弟、卷阿等，这些年轻的写作者通过自身对生活的观察与体悟，以及在网络平台上的不断打磨，诗歌的品质已初现光华。

"广东诗人俱乐部"虽是一个以地域特色命名的论坛，但作为网络平台它并无地域限制，更无门户偏见，它的开放度是360度全景开放，真正所谓"来的都是客"。如果说一定要给来"俱乐部"的"客人"立点规矩的话,那也只有一条,即"一个真诚的爱诗的人"。事实上也正是,在上面玩的,都是被我们的汉语饲养的"赤诚的孩子",并且是全国各地的都有,但还是深圳、广州、珠海、东莞、中山等城市的诗人在上面玩的居多,或许是因为有一份近乡之情或者近水楼台之感吧,诗歌总是我们形而上的家园(是联结我们的脐带),在我们的身体蛰居的地方,我们把它擎起……

"俱乐部"作为诗生活网的一个子论坛,因此也不可避免存在着一定的局限性,也就是它没有与其他的诗歌论坛建立直接链接,不过也许正因为这样,才保持了它相对的纯净。近段时间,俱乐部人气指数日渐上升,很是一派繁闹景象,我想这与论坛倡导并形成的良好氛围有关,更与版主大草积极努力的工作是分不开的,他为广东诗人俱乐部花了很多心血,做了很多具体的事情。比如设立本版精华区,设立每月值班编辑,督促值班编辑推出半月论坛诗歌品读等等。有一段时间,我因为工作的变动,少有时间上网,坛子上的事主要也是他一个人在做。他勤健地读诗、跟帖和回帖,受到坛子上诗友的好评。他自己的创作也逐渐地显现出鲜明的个性。

而白诗歌正是脱胎于我们当时在"广东诗人俱乐部"玩耍的一群诗人。以深圳与广州的诗人为主,深圳的诗人有大草、一回、花间、李晓水、汪白、汪汪、与或非、朱晓琪、阿谁、深圳红孩、谢湘南等,广州的诗人有宋晓贤、罗西、阿斐、小抄、陈述、画眉、杜绿绿等,还有中山、珠海、东莞、澳门、香港等地的诗人。澳门诗人姚风是其中之一,他当时以"黑中明"的网名活跃在论坛上。当然也不乏外省的诗人,如李以亮、水木菁华、小引、丑石等,把这当作自己的园地。

白诗歌概念的提出,源于2003年在广州白云仙馆的一次诗友聚会。

诗人宋晓贤随口提出的白色诗歌一词。他当时究竟是什么情形下说出来的，我已记不得了，我肯定是喝高了，后来我写过一首《白云仙馆》，泪水什么的都出来了——

> 白云是天上的蕴藏
> 仙馆是地上的接纳
> "农民"来了
> 它是一个年轻女孩的泪水
> 是十一个人的见证
> 同样是我持续的咀嚼和隔夜的
> 沐浴
>
> 珠江两岸，灯火似锦
> 漂泊的位置
> 在各自的内心
> 酒是叨绕不休的语言
> 它缠绕色子的暗语
> 从四个四　到六个六
> 你掌握的
> 并非城市的灵魂
> 你能叫爆的
> 也许仅是
> 世间的虚荣
>
> 泪在流淌　酒在流淌　珠江水
> 在幽幽流淌

这目睹的亲切与陌生
在千百遍地流淌
唐诗是一种历史
珠江边的石磨
是一种现实
当你吟诵
当我将情感的黄豆
倾入磨眼
身体在流淌
这纯浓的豆浆
交叉着乡村的
黄泥路

唱吧　叫吧　体验吧
映着珠江　顶着星月与雨
天下没有不散的宴席
白云仙馆　喧嚣中
静默的珠江
今夜我不带走欢娱
只带走妹妹的泪水
驶上高速

  这首诗的落款时间是"2003/11/13"（那时我刚辞掉珠海的工作，返到深圳进入南方都市报做记者不久），应是当时酒未完全清醒时的即兴之作。之后"白诗歌"的概念，在论坛上有过七嘴八舌、间歇性的讨论。在《白诗歌》"创刊号"上，大草、宋晓贤都写过阐述文章，后来

诗人一回给予《白诗歌》无私的帮助

李以亮从自身对诗歌的理解也做过较全面的解读。

今天看,"白诗歌"能不能成为一个诗歌流派,已不重要,它作为一个诗歌群体的事实,已深入参与其中的人的记忆,虽然这个群体是松散的,是没有纲领的,因为这恰好也正符合白得闲散的风格。

《白诗歌》纸刊得以持续推出,得力于诗人一回的无私赞助,因为他有个印刷厂,诗人花间当年与一回共事,他是一位优秀的设计师,《白诗歌》的设计都是他做的。我在其中算是个见证人,很多聚会我参与了,也有一些没能参与,但也心念系之。

从《外遇》到"广东诗人俱乐部",再到《白诗歌》,可以说是跨越了诗歌写作的两个时代,我个人诗歌写作的对抗性也一定程度上在淡化与消解。

一块飞地

它是深圳的"诗歌中心",它是诗意的飞地,亦是精神的高地。它集聚国内外诗人,传播诗意与人文生活。它是独立的出版物,也是开放与前瞻的人文空间,它将诗歌、文学、艺术融为一体,深度梳理、记录与传播,建构出以中国当代诗歌为核心的全新文化形态。它是深圳现代性的象征,一块飞地,一个想象出来的、不断超越自身的"自治城邦"。

这是2017年,我为《飞地》写的一则颁奖词。它获得南方都市报主办的深港生活大奖年度艺文奖。可见《飞地》已从一个诗歌刊物,变为一个人文艺术综合体,而且受到了某一层面公众的肯定与关注。

《飞地》是由诗人张尔(《外遇》时期,他叫大伟)于2012年创办的。它的前身始于2009年,张尔将哈尔滨的老派诗歌杂志《诗林》双月刊引入深圳,与遥远的东北,形成面貌迥异的诗歌对望。当然,如果要再往前追溯,可以追溯到《外遇》,作为当年《外遇》的副主编之一,张尔的办刊情结在这里得到延续,而且他将《外遇》的探索性与先锋姿态贯注到了《飞地》。不同的是,当年的《外遇》是一份民间诗报,今天的《飞地》是正式出版物,是一本有厚度的书,它的办刊背景发生了很大的变化,趣味也展现出更个人化的偏移。

《诗林》双月刊编辑部,也就是张尔最初的办公室,设在凤凰路罗湖区委大楼南边的一栋商住两用的办公楼内,楼下曾有早年深圳最热闹

在中心书城《飞地》新书发布会上

的歌舞厅，老罗湖的生活热力与市井气息在那一区域保留明显（我还记得在那个办公室的阳台上抽烟、闲看街景的情景）。之后他们经历了三次搬家，从凤凰路搬到新洲路与新闻路交汇的位置，之后又搬至罗湖文化公园内，在罗湖文化公园内驻守最久（《飞地》也正是在罗湖文化公园时创刊的），2016年下半年才搬至现在八卦岭的地点。

《诗林》双月刊艰难持续了三年，后因多种原因，张尔与《诗林》停止了合作，因此有了改弦易辙《飞地》的创刊，也与这个城市的精神属性，有了更紧密的契合。正如深圳出版发行集团总经理、文学博士尹昌龙所言，"《飞地》的创刊，正顺应了深圳当前发展阶段的文化需求，使得商潮涌动的深圳同时成为诗意弥漫的城市。"

当然，《飞地》头一年也还是比较艰难的，但张尔不动声色，有一种韧劲。从第二年开始，《飞地》得到深圳市文化创意产业发展专项资金资助，才得以舒展开来。后来又得到投资人孙起的青睐，可谓集结了天时、地利与人和，才迅速从一个纯粹的诗歌刊物，发展成一个结合出版、传媒、创意设计、艺术空间等多重角色与定位的文化艺术综合品牌。从当初的五六条枪，发展成现在四十多人的队伍，今天的《飞地》，已成为全国重要的诗歌领地，它的影响力也早已溢出了深圳。

《飞地》的工作人员大多数都是诗人，这或许也是深圳这个城市最为特殊的人文景观，它隐藏起诗歌写作的魅惑，如同一个不张扬的前卫堡垒，对公众的好奇心与诗意的探知欲形成引力。今天的飞地书局，也是外地诗人（或文艺青年）来深圳时，必然到访的一站。

飞地搬至八卦岭之后，空间与体量上比之前大出数十倍。先后开放了飞地书局、飞地当代艺术中心，使这里成为深圳最新的文艺活动据点。不仅仅是之前的新诗实验课、飞地之声，他们还策划发起了"诗公社"跨国文化协作项目、飞地诗歌奖，这两项活动举行时，我都在现场。首届飞地诗歌奖颁给诗人萧开愚，只是飞地倾向性的一种强化。

2017年5月，飞地当代艺术中心正式开幕。首展推出"图像与修辞——吕德安&王艾双个展"，当然诗人一看都知道，吕德安与王艾都是诗人，飞地艺术中心以诗人艺术家的作品开局，其本质上，仍然是在玩诗。诗人的绘画，其实也可以理解为图像化的诗歌写作。诗人玩起抽象艺术，当然也是得心应手，因为图像其实远没有语言抽象。

爱的记忆

在深圳，如果没去过墓地与殡仪馆，可能你还未真正融入这个城市。

我有过四次去到深圳吉田墓园与殡仪馆的经历。

第一次去深圳殡仪馆，应是2001年，是因为时任上司的亲人离世。那次去，只是匆匆行礼，未有深刻印象。

第二次去是2009年，因为采访。当年在何香凝美术馆的一个展览上，看到艺术家刘卓泉的一个影像装置作品《葬在深圳的姑娘》，深受触动（他拍摄了300多张在20世纪90年代于深圳非正常死亡的年轻女性照片）。我决定做一篇深度报道，安排记者去采写，自己也与摄影记者一同去到墓地探访。

后来我写了一首同题诗，对那些意外身亡的姑娘寄以哀思——

仙桃 重庆 长沙 新兴 宁波 安徽 河南……
你们有着不一样的籍贯
你们在别处出生
但不约而同地来到此地
来到簕杜鹃 木棉 荔枝 榕树 旅人蕉 美女樱 柠檬桉
生长之地，来到另一个
生命的起点

在布吉吉田墓园拍摄"葬在深圳的姑娘",这也是纪录片《我的诗篇》的开机

似乎没有人知道你们怎样生活过
用怎样的情怀来投入这片土地
此刻你们用凝固的微笑
静立在墓碑上

你们活泼的身体曾在这个城市的街巷里穿梭
在制衣厂 玩具厂 电子车间 柜台前 写字楼
你们或许曾成天加班
或许在城中村的一个楼梯间,热烈地
吻过自己的恋人
在夜班过后的食街中用一个甜点 一串麻辣烫

来安慰寂寞的肠胃
此时你们的耳边响起的仍是工地的桩声
是车轮滚滚的流逝

珠链滚入不同的白天与黑夜
青春戛然而止
生命的刻度在城市的表盘上取得一个终点
火热成为与你们无关的事
你可能的理想随同身影一起模糊
你是否还有未了的心事

城市灯火凝视你的亲人
此刻你们真正成为亚热带的一株植物
在城市的外围
与夜露为伴
或许你们在夜晚还会来到城市上空散步
而这城市已认不出你
那条米花色裙子，用水冲洗三次之后
不再有汗味的发夹

  2014年9月3日，我第三次来到墓地，为这些不曾相识的亡魂朗读了这首诗。那次与我一同前往的有《我的诗篇》的摄制团队，在夕阳的余晖中，这部后来备受关注的纪录片开拍了。我的那一集片子，除了在墓地，还去到布吉的工厂、深圳湾大桥等地点取景。但只有在墓地，我感受到难以言说的命运之痛。

  最近一次去到深圳殡仪馆，是2017年3月15日，送别诗友黑光。他年仅46岁。我们曾互相鼓励，一起度过很多欢快的时光。他的离去，是我不愿但又不得不接受的事实。

他因身患尿毒症，被病体折磨多年，最近几年一直租住在梧桐山大望村。就在他突然离去的两个月前，彭天朗从重庆来深，我们还在梧桐山聚过。

我曾写下以下的文字给黑光：

2016年8月13日，我们在梧桐山艺术小镇，在各个村的巷子里还转了一下午。我们在溪流边休憩，互相拍照留影，我还陪同你去到水库放生。意想不到，这么快，你就走了，梧桐山真的成为你此生的最后一站。

还记得18年前，我随同你去到福建福鼎的一个寺庙里静修，我耐不住寺庙的生活，提前跑了；还记得17年前，我们曾一起爬到梧桐山顶，我当时还写过一篇短文《爱的运动》，发在《深圳晚报》的副刊，我们登山的情境仍历历在目，当时我们真是欢畅淋漓——

在沙头角居住，最幸福的感受是每个周末都可以去攀爬一次梧桐山。当我微小的躯体站在近千米高的光秃的梧桐山的头顶，心中的快意自然就不必说了，我赶紧掏出电话来将我的欣喜和愉悦告诉给我的朋友："喂，你知道我现在在哪里吗？我在梧桐山顶呀……哈哈，爽死了。我现在的感觉跟穿上龙袍，当了皇帝差不多啊……哈哈，羡慕吧。好，好，下次爬山把你叫上……"

手机信号不好，尽管自己放开了嗓门，但电话里的声音却颤颤巍巍，真有点一个天上的人在与一个地上的人说话一样——有几次我上山，并非晴朗的天气，刮很大风，四周都是迷雾，那时一个人站在山顶，站不稳，裸露的手臂与大腿上忽儿就结上冰雾的小颗粒，头发像刚洗过，有水珠往下滴。天没有了，地也是没有的。这时候你大叫一声——我来了——只是在你叫喊的那几秒钟，你感觉自己仍是一个真实的存在——接着又只是风的呼啸声。这与杜甫的"风急天高猿啸哀"是不一样的，简直是个空茫茫的宇宙洪荒，让你来体味。最多站两分钟，你必须往下走，不然就真的要凝固在上面了。

有一次我与朋友黑光是冒雨上山的（那也是我第一次登上梧桐山顶），从另一条较为平缓的路上去（从沙头角有两条路可上梧桐山，我通常走的是很陡峭的防火路，不用一个半小时，我就可抵达山顶），行到山腰，裤带就湿了。但我们仍兴致盎然地往上走，快到山顶时有一段很陡的路，名"鲤鱼背"，险要处仅站得住一匹马，两边尽是虚空，被迷雾缭绕。我俩冷得起了鸡皮疙瘩，就择定一块石头坐下来补充热量——吃饼。吃完饼，黑光竟想起他念经的事，说要念一段经来听（他曾在福建的一个山上静修过数月）。有趣，于是静下来听他念——婆罗摸捏拿嘛谜哄……开始听念的时候，我笑得肚子痛，但黑光任我笑，自顾地念得专注——入神。笑着笑着我就笑不起来了，我感觉那经文像泉水一样从黑光的唇边涌动出来，向四周弥散开去，有如天上梵音，伴随一忽儿稠密一忽儿散疏的云雾，形成世界的静谧、意象的深邃。天地之间隐藏的秘密与隐痛也似乎和着我们身上凉却了的汗渍都揭示出来。一鼓作气继续向上攀登半支烟工夫，峰回路转，以至让我们认为此刻站着的秃山头就是山顶了，谁知往前走过一个低凹，前面又显现出一个更高山头的模糊倩影，似一戴着面纱的神秘女郎，向我俩发出妩媚召唤，我和黑光几乎是奔跑着向她拥抱过去——

爬山的过程给予人无尽的臆想。在晴朗的天气爬山，路上络绎的人群大多为首尾相连的红男绿女，那完全是另一幅图像——喧闹的可爱的青春溢满了山坡，有如一场爱的运动会在此举行。更有那不甘示弱的中老年人，喘着牛气，一个劲地往上，想是要将天上白云裁下块来为自己做衣裳，怕落后了，被年轻人一抢而空。爬到山腰，驻足回头观望沙头角、盐田一带海山相连的潋滟波光。

借用一位台湾诗人的话，这真叫"释放的感觉——好爽！"

梧桐山是这个城市讳莫如深的背影，也是我们照梳自己的恒久的镜子，它无数次接纳我们，让我们的生活接近诗歌与诗意，让我们在爱的运动中守住生命的本真，我想这也是黑光在生命的最后岁月，选择在此静养、写作的原因。

黑光的离世，让我陡然明了，《外遇》的真正结束。一个热血青年，一群热血青年，不知不觉已步入中年，逼近死亡。

2016年，与黑光（左）、彭天朗（右）在梧桐山艺术小镇

诗歌人间

2010年前后，深圳的诗歌活动多了起来。但从我自身来说，《外遇》之后我已不是很热衷于参加诗歌活动。尤其是2003年进入媒体工作之后，日报的工作相当繁忙，写稿量巨大（最高峰时，我曾一周写过十个版，回想起来，真不知自己都写了些什么），也无太多闲暇。但发生在深圳的诗歌活动，我还是很关注，恰好有空时，也会参与其中。

比如由晶报与中心书城发起并具体承办的"诗歌人间"活动，该活动创办于2007年，具体发起人是时任深圳报业集团晶报总编辑陈寅。陈寅早年是"他们"诗群的成员之一，来深圳后扎根于媒体，但他的诗人情怀并未被日常工作的琐碎与繁重所抹杀，所以由他发起"诗歌人间"主题诗会并不意外。

首届"诗歌人间"的主题为"归来——纪念中国新诗诞生90周年"，当时参与诗会的有来自全国各地的诗人，有于坚、多多、欧阳江河、洛夫、任洪渊、沈奇、李少君、雷平阳、朵渔、春树等20位诗人（包括在深圳生活的王小妮、徐敬亚、陈寅）。2016年该诗会举办到第十届，主题为"新诗百年"，似乎是以自身的年轮，融入了"新诗百年"最后一圈的热闹奔跑，以"城市深圳的身份"介入了新诗在这十年的生长态势。

这十年中，我参与过三次"诗歌人间"，第一次是2008年第二届，我的诗作《呼吸》入选其主题"心灵的卷轴·30年30首诗"。2009年第三届，作为与会诗人参与其中，那一届的主题是"向经典致敬"，那届

在梧桐山艺术小镇与声音艺术家李劲松、沈丕基、二道合作，朗诵诗歌参与诗会的诗人有韩东、何小竹、侯马、蓝蓝、梁小斌、凌越、宋晓贤、小海、谢湘南、杨键、一回、于坚、余文浩、翟永明、朱文、张桃洲、周瓒、陈寅。当年的诗会仍然是在中心书城南区的大台阶举行。诗会主要的环节就是诗人朗读自己的诗。当然，在我看来，其真正重要的就是为诗人们相聚搭建了一个平台，讨论问题倒显得其次了。记得当晚诗会结束时，诗人们都跑到书城南台阶旁边的24小时书店里逛。小海背着一台胶卷相机，他给很多诗人拍照，我们也合影了，后来收到他寄给我的照片。我至今仍收藏有前三届诗会的场刊，场刊装订成线装书的样式，设计得古雅、精致，却不失现代的简洁，标识还是知名设计师韩家英设计的。

后来的诗会有没有出场刊，我就不清楚了，我最近参与的一次是2012年，那一年我印象中是没见到有场刊的。因为后面随着陈寅工作的变动，"诗歌人间"变为由深圳特区报具体承办，诗会的方式也改变了，由一年举办一次，改为一年举办两次，每次邀请的诗人也相应精减。2012年我参与的那次，是第六届"诗歌人间"春季活动，与会诗人还有庞培、吕约、巫昂。那次，我们去到龙华新区大浪街道，与当地的诗歌爱好者交流，为工友们朗诵诗歌。"大浪之夜"，相约羊台山下，当晚我读了《给自己的一个地址》《论水龙头》《又一次独白》三首诗。

印象深刻的是，诗会当日，我们爬了羊台山。次日我们去到大鹏所城闲逛，在大鹏所城内的一棵古树下，庞培、吕约、巫昂以及我，吹着风，一起喝啤酒，很是畅快。庞培保持着高昂的兴致，在大梅沙时，一走到海边，他就扑进海里，游了起来。

深圳的另一诗歌品牌活动"第一朗读者"创办于2012年，由诗人、深圳戏剧家协会主席从容发起，项目得到深圳市宣传文化事业发展专项基金支持。

"第一朗读者"因为融合了读诗、唱诗、演诗,结合了音乐、戏剧、现代舞等表演形式,迅速成为国内诗歌活动的一大看点。它的跨界与表演性,不仅引起诗人自身的关注,也更吸引大众的眼球。它像不落幕的电视剧集,每年以持续近半年的超长节奏,使这个城市似乎总有关于诗歌的声音在传诵与回响。可以肯定,在当代诗的传播方式上,它做出很多探索,拓宽了诗歌的表现形式,也让诗歌与剧场、诗歌与影像、诗歌与展览的互联关系,在当代文化语境下彰显出更多可能性。

"第一朗读者"命名了一种艺术形式,叫"诗剧场"。在这个以诗歌为核心内容的剧场内,诗人与自己书写的诗歌,时而游离,时而叠合,展现出一场被干预了的美学袭击。这种干预像是对一首诗的再创作,有时会让诗歌改变原初面目,有时则会让一首诗变得可以触摸,让语言形象化地在眼前跳跃,以一个有质感的声音,或一个怪异的动作、夸张的表情,使诗歌击中围观的人群。

从容将"诗剧场"安排在中心书城、在深圳大学、在关山月美术馆、在e当代美术馆、在胡桃里音乐酒馆……使城市不同属性的场所,都沾染上当代诗的灵光。

至2017年,"第一朗读者"已是第六季,迄今已演出了66场,有120余位诗人成为主题诗人参与其中,根据诗人的诗作创作的原创歌曲103首。这些数字,不仅是诗歌的时间累积,也是国内外诗人在深圳这个城市以诗歌之名的闪亮登场,他们来到这里,不仅是在这个城市的旅客,而是参与了这个城市某个周末下午在一个特定场合下,诗歌空气的酿造。

作为生活在深圳的诗人,我是较早参与这一活动的诗人之一,在第一季就早早出场了。记得我那一场是第四期,在深圳大学举行的,主题诗人是我与江苏诗人胡弦。我们那期的主题为"异乡"(深圳音乐人李戈现场演唱了我们的诗。我与李戈早年还有过一次合作,在她的录音棚里,她用陕西话朗诵录制了我的《水墨诗》,我拿这个音频文件,配我的手稿参加了在深圳雕塑院举行的第一届"界内界外"当代艺术展)。显然,这一主题与我的诗歌写作有着密切的联系,当期给我的"最佳诗人奖"颁奖词是这样写的——

"谢湘南以极具个性和时代影响焦虑症的话语方式印证了一种典型性的湖南文化性格的繁复风貌在当代中国的显影。在打工、出走、漂泊、寻找以及集体放逐和自我救赎的'异乡'路上,'70后'作为最后一代理想主义者的尴尬、分裂、痛苦与荒诞性在谢湘南这里都有着极具象征性和寓言化的体现……

这份颁奖词出自当时活动的学术主持霍俊明之手。我个人完全认可霍俊明的评价。在深圳这样一个城市环境中,这个集静默、柔韧、尖叫、躁动、缤纷的肢体,炫技的歌喉于一身的活动,一定程度上也是这个城市的文化症候。它需要体制的扶持与支撑,但又想争取更多自由的空间。它不能完全由基金"包养",还需要主持人去向商业化缘。它吸纳诗人,某种意义上也是对纯语言形态的诗歌的排斥。

这一活动的每一季,总有数场,我会在现场。以记者与诗人的双重身份混迹其中,成为它持续的观察者。它能一季一季地办下来,其实也不容易。这个城市,要去掉诗歌的装饰性,让诗意生活真正成为日常,还需要更长时间的打磨。

相对于"诗歌人间"与"第一朗读者",由飞地与诗生活举办的"新诗实验课""飞地之声"系列诗歌人文讲座两项活动要更具民间性、学术性,也更小众。这两项活动由诗人张尔与莱耳发起,至今已各举办了20多期,在飞地搬至八卦岭之前,它的主要据点是旧天堂书店。新诗实验课"邀请不同职业及领域的文化人、艺术家和新诗爱好者共同

2017年，第六季"第一朗读者"现场

参与对话，讨论当代新诗的问题，并展开诗与不同艺术门类的互动交流实验，激发诗人与艺术家的灵感可能与想象空间"。飞地之声"试图从不同层面，为当代诗与公众之间建立起一种对话的媒介，去发现那些潜在的读者"。其实这两项活动性质有些雷同，区隔不大，我也参与过其中的几期活动，感觉其区别在于，新诗实验课的开放性更强，飞地之声形式要单一些。其中给我印象深的有，专名纪念波兰诗人辛波丝卡的那期，还有就是"莲花、梧桐都是山——飞地书局出品之《六户诗——深圳六人诗选》朗诵与交流会"。

《六户诗——深圳六人诗选》由诗人孙文波主编，选编了太阿、张尔、阿翔、桥、谢湘南、楼河六位生活在深圳的诗人的诗。孙文波为此书写了一篇上万字的序《莲花、梧桐都是山》，那次朗诵与交流会，就是以此标题命名。当然，这是一个象征性的标题，六位诗人如果都是深圳的山峰，深圳的绿意与诗意将会更浓。

深圳缺高校，而为数不多的高校，诗歌活动如何呢？据我观察，深圳职业技术学院算是重视诗歌活动的，曾举办过几届西丽湖诗会（这与该校有赵目珍这样的诗人与教师有关系），我参加过其中的三次，最近（2017年6月10日）在该校举办的一次活动是"生成中的深圳诗歌流派——深圳诗群发展座谈会"，我也参加了。

这个活动挂名由深圳市文学艺术届联合会主办，承办者众多，有深圳市作家协会、深圳市文艺评论家协会、深圳市职业技术学院人文学院、深圳文学研究中心、宝安区作家协会评论家学会。"生成中的深圳诗歌流派"这是一个有意思的话题，值得讨论，说明深圳诗人已开始自觉进行理论性梳理，《外遇》算得上深圳曾经有影响的诗群。

诗人们相聚在《飞地》办公处，从左至右分别为
孙文波、孙磊、陈东东、王小妮、吕德安、黄灿然

城市**不熄的**灯火、**闪耀**的霓虹,坚硬、**如漆的**沥青路面,也因为飞速转动的滑轮,获得了**某种质感**。这种质感飞扬着青春的力量,有着**令人激动**的欢喜。

第四章
"玩具城"

飞转的滑轮

午夜的深圳街头,时常能看到成群的年轻男女(当然也有老年人,不过老年人却似乎不爱抱团,喜欢单独行动),穿着溜冰鞋,在大街小巷如风穿梭。他们用个性的张扬,谋杀时间。

城市不熄的灯火、闪耀的霓虹、坚硬、如漆的沥青路面,也因为飞速转动的滑轮,获得了某种质感。这种质感飞扬着青春的力量,有着令人激动的欢喜。在八个轮子上的人,他们是轻灵与飘逸的,滑轮与地面的摩擦声,构成对夜空的刺激。

滑轮上的深圳,表现出与繁忙白天一样的迅疾,这或许可以称为深圳速度的另一种变异,但因为轻逸,因为不带功利的痕迹,它所显现出的生命体验,其实是慢的、闲散的,甚至具有令人称羡的美感。

当我与这样的人群擦身而过时,我脑海里漾起了诗情与哲思——速度每秒都在谈恋爱,它吸引异性的绝技,是始终将她抛在身后——除了闪烁的警句,我还想起可能的爱情:"我有一些枯了的树枝/我有未及点燃的灰烬/似睡的头皮屑/丢失在亲昵的路上//当我轻触你的头发/走过午夜未遂的街道//我们谈论/纸机翼,一个胖子/和他的恐惧//我有冰冻的燃烧/我的冰块里/有你舌尖的酶"。

借助速度(现代化的标志性词语,它挑战着记忆的卵巢)——通常被人忽视的一种限制——我抵达了对午夜爱情的修辞。这些跳跃的句子,词语中的回眸一笑,让我瞳孔放大,看到非速度或速度的反面。我用迅速在舌尖上涌现的溶解物,来形容那一刻行走在我身边的人,她有着这个时代的高速特征，她来得快，去得也快，她就像快感本身，给予你的是最低级的感官奖励。她将高速度当作生活引擎，用加速度犯下坦率的（赤裸的）错误；她瞬间释放能量，对爱的自杀推波助澜。她就像生活在这个城市的众多"兔女郎"，认准了一条红萝卜大道。

这样看来，午夜的街头漫步与飞转的滑轮，倒是恰到好处的相遇与风景的互补，当我们同时从依旧繁闹的街市与大排档中穿行而过时，两种速度也产生了魔术般的交替。快与慢在这里的交互，不仅是身体的动作，而是一张波动的心电图。

生活，在迎面的气息的碰撞中，做出了自己的选择。爱情在飞转的滑轮上是更深入了，还是随风而逝了，我没有答案。但我能肯定，速度从不掌控道路，它只掌控路上飞奔的事物。恋人在高速中，最易丢失自己的背影。高速犯下的错误，是让抵达变形又变态。

在地铁里练习点钞的女人

坐在左手边的女人
在练习点钞
她拿着一叠钞纸数了一遍
又一遍
她拿着一叠钞纸
数了一遍
又一遍

坐在右手边的女人
在阅读文件
好像是保险单
不对,是一些练习题
她可能要在明天
参加什么考试
是的,她在复习
她在做题

这是下班时间的地铁里
我坐在两个女人中间

我坐在两个专注的女人中间
我先看看左手边的女人
再看看右手边的女人
左手边的女人在点钞
她可能要参加点钞比赛
（不对，她或许就喜欢数钱
不过，她现在数的是练习钞纸）
右手边的女人在做题
她伸了伸腰
可能要在下一站下车

下一站到了
又过了一站
左手边的女人仍在点钞
右手边的女人
翻了一页手中的文件
还在做题
——《我想写左边的女人，也想写右边的女人》

这是我曾经写过的一首诗《我想写左边的女人，也想写右边的女人》，在下班高峰期的深圳地铁里，在人挤人、肩摩肩的，狭窄的、喧闹的、流动的交通空间里，我被身边两个专注在自己世界中的女人所吸引，甚至有些许的打动。她们是那么专注，在地铁里练习点钞、做试题。这一画面，让我联想到米勒的著名油画《拾穗者》。只是场景换了，空旷的19世纪的法国秋后田野，变成了拥挤的21世纪的深圳地铁，剔去一层浪漫的浮想，我看到女人在劳动中，所显现的本质，一种专注的美。

　　当然，我们还可以从更多角度来解读这一画面。从乡村到都市，从农业社会进入现代生活，画面中的女人都显现出疲累，尽管她们被各自的巨大环境所包裹着，但她们也跳出了一时的环境，还原出生活与生存在当下的要义。拾穗的农妇与练习点钞的女人，她们都在沉落的暮色中，将自己交给了一个机械的（或许也是诗意的）动作。

　　自然，这首诗，这样两个具有某种典型性的画面，所传达的信息并不会形成生活的桎梏。无论左或右，也不管是数钱还是做人生的试题，都有无限的延展性。就像地铁一样，它流动着，将人的面孔不停地更换。这些经典性的动作，可以换成不同的人在所有的时间来做，而且做出不一样的滋味。所以，我其实并不仅仅是在写地铁里的女人，我写的也是一种都市生活状态。它充满着机械性，即便是在非工作时间，人也像上了发条一样，在交出自己诗意的感官，而成为可能的画面填充物。这也是充满悖论性的一个当下，当这样一个画面，被我书写成一首口语诗，它是否就具有了诗意呢？我的答案是肯定的，如果你从《拾穗者》中看出了诗意，那么作为都市场景中的经典画面，诗意也在动作的更新中，具有了新的内涵。所谓"风在数钱"，动作也在将我们的人生（包括对诗意的理解）更新。有个理论家（或者知识分子）爱说的词——现代性——它其实充斥在"点钞"与"做题"这样两个日常动作中。

诗歌作品在中心书城"回声"展上

用诗歌参与"回声"当代艺术展

幕后"工作"

通常情况下，我一个人是搬不动一床幕布的，需要两个或四个人来抬。一道幕布到底有多重？50公斤，80公斤？难以估计，因为幕布的重也是一个变数，它会随着人的感觉，有时候轻如蝉翼，有时则沉重无比。

我曾经的工作就是在舞台后面升降幕布。我感受到的幕布的重是实实在在的，是那种让我汗流浃背、手掌发莎、腰杆发酸、呼吸加粗的重。这种重让我不敢有半点懈怠。一道黑丝绒幕布，它是舞台上着洁白服装舞者的绝佳布景。而它的垂挂，它的一动不动，它的迅速的升降却需要我这个站在舞台景深天台上的人，使出全部身体的力量与精神的贯注。这种原始的靠人工来控制幕布切换的方式使我对舞台及舞台工作有了一个较为深刻的认识与体验。我所看到的舞台上的演出与坐在台前的观众看到的演出，完全是两码事。

深圳大剧院作为深圳市最重要的文艺活动场所之一，它的舞台设施，在很长一段时间里，应该说是深圳最好的。它的幕布升降是机动的，只需要一个人坐在调控室按动按钮就行了，但幕布的垂挂仍然需要许多人来一起动手完成。我曾经因为单位有节目要在那演出，所以多次在那光与影交集的舞台上晃动着自己黑黝黝的身影。

将幕布展开在舞台上，然后将它的一个个布扣系到悬挂的铁杆上去，舞台上还有演员在走台，灯光师叫嚷着在对灯光，这时候你要是抬起头来望着舞台的上空，你会被那一道道相距不到五英寸排列着的幕布

我采访深圳的女子乐队时，伪装成摇滚青年（胡可 摄）

吸引，它们是一些黑线，一些黑暗中的蝙蝠，它们的耳朵是大剧院的精灵，吸纳着这剧院里有人或无人时候的一切音响。

演出总是短暂的，而为演出做的准备工作却是漫长的。无论是演员本身还是舞台工作人员，为了观众的目光与聚光灯在演员身上双重交织的那几十分钟，工作人员要付出几倍的汗水，而演员甚至要付出她整个的青春的历程。而每当一场演出结束,演员和工作人员都从剧院内撤离,我知道,这时候大剧院内隐秘的黑暗与鸦雀无声,才是诱惑和永恒,它总是需要新鲜的空气、光线、沸腾,甚至嘈杂来填充。

归于寂静好像是事物的本质,但当一个个观众带着生活的光鲜愿望涌入剧院,聚集着将脖子伸长,将眼睛、耳朵、大脑里活跃的细胞交给舞台上的动静时,我们对事物的本质是否有种真正的把握与呈现呢?我,作为一个拉幕布的人,又能提供一种怎样的生活的参照呢?

幕布,是舞台的门,同样也是生活的颜料涂抹的底色。一场演出,从台前看,从侧幕看,从演员的化妆室看,从舞台景深的天台上看,我看到更多的是各种各样的灵魂的贫瘠。

深圳大剧院艺术节是每年深圳文化艺术活动的重头戏,可以说是深圳最高规格的艺术盛宴,但这些演出相对于深圳普通的工薪阶层能有多少观看的可能呢?我有幸沾朋友的光,坐在大剧院台前看过几场免费的演出。但当我作为一个袖手旁观者坐在观众席上,不必要出现在忙碌纷乱的后台时,我却感受到了一种更深的焦虑,因为我不需要通过看演出,就看到了后台的一幕幕场景。很多年前,我写过一首诗《绝望的布景》,像是对当年幕后工作的一个切割礼——

折下这块布景
折下它脸庞上僵直的笑靥和泥土流失般
冲积的泪痕……

这是块陈年的布景
这是块静止在舞台上空的布景
这是块影迹叠加的布景
这是块黑透了的屏风之内的布景

这是块用手指弹弹飞起灰尘的布景
那无法计算的灰尘，落在我的裤子上
我的鞋上。
我没戴帽子，头发和脸同样
布满灰尘。
在很多年以后，也就是现在
我来到这里工作，脏乱的后台
尼龙丝袜混合着咳嗽
炎热滞留在身上
堆满了废弃的木架子、玩具枪
塑料人、坏灯泡、断线
粗壮的绳索、红旗、徽标、空空的
矿泉水瓶、换色纸、抹布、假发
破灯笼、模样不等的铁环、古怪的
按钮、泡沫平台（像床）、错落的钩
铜制面具、巨大的帽子、镀镍的方框
我来到这里，我工作
踏上沥青一样的黑色琴键
向上的钢丝般的梯子
在剧院的天桥上，观望、站立
——《绝望的布景》

从沙头角出发

从沙头角出发可以抵达哪里呢？这个问题，我想应该取决于我的内心。

沙头角是深圳的一个镇（现在改成了街道），我在1998年接近秋天的时候来到沙头角，在那里度过了四年时光。

我是个利用黄昏时间走街的人，刚到那里没一个月时间，我就把沙头角的大街小巷转了个遍。因此我时常是跃跃欲试地要从沙头角走到别的地方去——

在沙头角我最喜欢的地方是从海涛花园一直延伸到盐田港码头的那一公里多长的海堤。沿海堤内侧有一湾正欲开发的空地，空地上的景致是有些趣味的。有棚屋，有高高的土堆，有被拆解的塔吊的骨架堆集的图案，正在修着的水泥路，一些杂草、藤蔓就错落点缀在它们之间。我时常就在这空地上流连忘返，有时从高出我头顶许多的草苇上看到一只鸟儿，我屏息，不愿去惊动它，内心闪过一丝喜悦……

黄昏（唯有一天中的黄昏），给了我足够的心灵的自由。当我站在海堤上，将目光置于海面和海岛上，让海风和波涛的声响吹拂身体，一直到觉得自己的头发里也有了一种微咸的海水的腥气和摇曳。太阳已经隐没，一大片的幽蓝从海面泛起，而海岛已快变成墨块，从那岛的背面露出的些许微光隐隐地勾勒出海与天际相接的线条与岛的轮廓。两只船（小艇）鸣叫着，在海面快速行驶，船上的灯，因为速度，则有如一张面孔上的流星。此时可以看到盐田港码头的灯光像一只巨大的炼钢炉的

在盐田港附近的海湾内，晚上钓鱼的人

火焰，在向四周喷射。

  我已记不清我有多少次站立在海堤上，做着远眺、深呼吸（有时是拿着一张报纸坐在那里看，而天色变化比我阅报的速度要快）；映着波光、做着滑稽可笑的鬼脸……而现在那片海湾里早已失去了这样的黄昏的宁静，那里停泊了一艘供人参观的俄罗斯的大船，成了一个深圳东部的旅游景点，沿海堤的空地上也建成了被人买走的"有海景的房子"（现在，那只船又开走了，那只在深圳制造过很多新闻的船也已成为过往，沿海边修成了海滨栈道与供市民休闲的公园）……

在海涛花园西侧，沿东和公园有条100多米长的夜市，也是我喜爱并常去的地方。夜市有一半的长度两侧都是水果摊，各式各样的水果的新鲜光泽和芳香让我的眼耳鼻像是在经历着清爽的洗浴般着迷，我很喜欢这些水果散发出来的混杂不齐的香味。水浸泡的菠萝散发出的气息，在30米开外就闻到了，糖水泼洒在炒得热腾腾的栗子上的味道，像八九岁小女孩的顽皮笑声令人心痒。

夜市的另一半长度差不多就被那些卖衣饰、杂货及小食的摊子占住了，这些摊点上的东西便宜实用。

沙头角最有趣味的地方应该还是它依傍着的梧桐山。我和几个朋友上过几次梧桐山，但更多的次数我是独自去的，每次上去都感受到兴奋、新奇，在山体将自己的身体不断地递高、隐蔽、呈现的过程中，体味到汗水淋漓的痛快。有一次我和一个朋友在山上的水库竟然捉到一只乌龟，喜不自禁，带下山来，由我将它饲养，但这只乌龟什么也不吃，我将它放在我的小房间里，让它自由爬行，它爬了一会儿就趴在门边上，用前脚努力想把那门打开……十来天后，龟壳中的肉体瘦得成了一皱皮。无奈（我心疼它），我又独自一人跑到梧桐山上将它放回原处……

在沙头角除了以上所提，保税区的工厂与生活区也是我时常溜达的去处。那里是沙头角人流最密集的所在，上下班的人流，穿着相同或不相同厂服、胸前戴厂证的男孩女孩是那里天空里的回声制造者。在那里，不停地冒着青春热气的眼睛鼻子，排档前纷纭的方言让我感受到内心的真切与生活的饶有兴致。那些陌生的面孔与熟悉的话语，总是令我情不自禁地探头探脑、左顾右盼，期望从她们的表情、言谈、手势中摘录出诗来。

其次，在沙头角，相对于我就再也没有别的好去处了。当我现在用记忆的手指去抚触、敲击、弹奏沙头角这架装有有限的生活弹簧的小钢琴时，我想我还能一不小心地演奏出新奇与别致的乐章来，连我自己也会感到吃惊不小。四年时光，我几乎无时不在向往着出发，向往着另一个陌生的地方——

是的，后来我买了一辆自行车（为了让陌生的地方不断地迎接我生命的激情与冲动），我沿着深圳东部的海岸线一直向东——

麻桑之地

在沙头角工作的时候，时常会因为工作之需到中英街去。有几次我们去访问在中英街居住的80岁左右的老人，问有关在这一带流传的民间艺术"渔灯舞"的事。因为沙头角镇要申报广东省民族民间艺术之乡，而我就是这"渔灯舞艺术之乡"材料的起草人。渔灯舞据传起始于明末清初，据老人们说，现如今中英街历史博物馆的位置，在很多年前是海边的一块空坪，也就是当时村民们表演渔灯舞的场地。

记得当时，几位老人还从村子的祠堂里，拿出过去年代他们表演渔灯舞的伴奏乐器：一只鼓和一面锣（外观上非常老旧了，但敲出的声音还蛮响的），给我们作即兴的伴奏音乐的示范。这些满脸皱纹、行动已不灵敏的人，仍然有一股热情劲儿，他们都是在中英街这块地头上居住了一辈子的人。

在我以前单位的服装道具室内，总能看到一块黑乎乎的石碑状的道具。走近了，俯下身子看，上面还刻着字"1898 中英地界"，这就是中英街的"界碑"。不过这块道具界碑是用木头做的，用蓝黑墨水涂黑的。

有好几次，我将它从道具间里搬出来，装上车，搬到舞台的一侧，等演出快开始时，再将它搬放到舞台的正中间。

男舞蹈演员与女舞蹈演员，纷纷绕着界碑，抖动他们的身体。我不是很清楚台下观众的目光更多是落在这块界碑上，还是落在男女演员的身体与表情上。但站在舞台一侧的我，我从幽暗的后台放出的目光，则更多落在这块界碑上——

我在琢磨它,这在舞台上一动不动的"黑石头"……

有一首歌叫《中英街上古榕树》,是1997年沙头角文化站为迎接香港回归创作的歌舞诗《中英街的故事》中的一首曲子。旋律蛮抒情的,我至今还会哼哼(歌词已记不清楚了),因为当时文化站搞基层文艺巡回演出活动,每每都要唱、要放这首歌,而我作为现场工作人员,难免不被"耳濡目染"。

歌中的古榕树今天仍然立在中英街接近街心的位置。它的年龄确实比我采访过的中英街的老人还要老。那些老人都在这棵树下纳过凉,数过星星、望过月亮。在目睹了一番苍凉、冷寂、繁闹之后进入了自己的九泉相思之地。而这老榕树却还在观望着街两边的警察来了又走了,换了一拨又一拨;观望着日出沙头,月悬海角,进街的入关闸口几经改建。有游人如过江之鲫的时候,也有每到黄昏时,门前肃严,只有在街内居住的居民推着自行车,缓慢从关口走过的景致。

中英街内有个"回归纪念广场",说是广场,其实只比篮球场大些,但我们每次去中英街演出就是在这个广场上。广场距海边只有50米左右,所以每次当我们搭好台歇下来时,我都会走到海边(沿海边有一排少有人居住的别墅)在海堤上坐坐。在这里可以看到属于香港的一个渔码头。长长的码头伸到海湾里,十分安静,少有渔船停泊。

从广场步行200米就是位于中英街街角处的中英街历史博物馆,在博物馆对面是一个卖日用品的商铺,我曾经在那里买过两瓶洗发水、几块香皂和一打裤头。

在中英街我买过最贵重的东西是一条白金项链,那是受一个老乡之托,给老家的一个远房亲戚的女朋友买的。说句实在话,对于中英街店铺老板的盛情吆喝,我也放心不下,有如透过站在街对面的香港警察的背影,斜乜街那边的路径一样,总有一种缥缈之感油然而来……

欢乐的，自由的，裸露的……

我时常一个人去大梅沙游泳。有时候坐巴士，有时自己骑单车去，但无论怎么去，都有一种奔赴盛宴般的舒畅心情。因为在大梅沙的怀抱里，我切实感受到了一种欢乐的、自由的、裸露的、能让身心完全放松下来的涌动的自然。

在1999至2000年的一段时间（这应该是值得纪念的一段时间），我时常独自踩着自行车往返于沙头角与大小梅沙这段公路上，在自行车轮的不停转动与行进中，我感受到一种喷发的生命的诗情（有很多诗句就是在那辆自行车上冒出来的），那是我在沙头角生活四年青春时光中的飞扬的音符，有着透湿全身的孤单的、向上的汗水。

通常从沙头角踩车五十几分钟就到了大梅沙，然后我再到海里面游上半小时（有时一小时），八点半左右我往回骑。沙滩、海浪、开阔的天空、炫目的泳装，加上舒缓悠扬的音乐、人群在沙滩与海水里无拘无束的喧哗，大梅沙确实让我青春的身体找到了迷醉与张扬的方式。在那些活泼艳丽的身体间自如地穿梭，我像一条会唱歌的鱼一样热爱着这里的海水，生活的拥抱——

我真的就想这样在海水里泡着，仰望着，看着天空渐渐地变作夜空（天空中变幻的色彩和行走的事物像一个巨大的吸盘），看着夜空渐渐地启明，任着自己的身体保持这种姿势到时间的永恒。但这是个"公共浴缸"，我总不能太自私，我得给别人腾位置。人多的时候，都说大梅沙海滨浴场是砂锅里煮饺子，个挨着个，头碰着头，这并不夸张。你没

在上步中路,手持一张报纸当笛子吹,当年拍的是工作照(胡可 摄)

看见,那路上又塞成了车龙,人在源源不断往这里来,我还是赶紧打道回程——

  从梅沙到盐田这段路上坡下坡特别多,路面又窄,没路灯,路上特黑。时时有汽车从我身后开过去,我借助身后车灯的光,倒是行驶顺利,但迎面驶来的汽车,车灯却极刺眼,使我看不清路面,这种情况就很危险,我尽量靠路边走,有一次就被路边的一个树桩绊了轮子,我连人带车栽到路沟里。当我有时发现路面上只有我一人在行驶时,我就特别放松,将单车踩得飞快,心里兴奋无比,充满着历险的快乐和不为人知的一丝恐惧。山是黝黑的,海是墨蓝的,身后的汽车喇叭是刺耳的,迎面的汽车灯光是刺眼的,而它们共同扬起的沙尘是可恶的,尘土拂在我被海水打得咸湿的头发和流着汗水的面孔上，使脸上的皮肤像是贴在锅底一样难受，眼睛痛楚，我感觉到这几乎成了一场考验……但最后，我总是顺利、完整地和我的自行车回到沙头角的住处，回到那又一次出发的地方……

　　人在沸腾的海水与欢乐的海洋里，在裸露的好心情中，大多是不会想到即将而来的厄运与尴尬的。记得有一次，我和好友黑子去游泳，上得岸来，发现黑子的牛仔裤与新皮鞋竟然不翼而飞。这人心的混乱与歹意对我们的快乐是多么大的打击。无奈的黑子，只有穿着大裤衩和我一同回到宿舍。

消失的"明斯克航母中心广场"

黄昏，我踩自行车来到"明斯克航母中心广场"。"明斯克航母世界"刚对外开放不久，游客不是很多，周边的配套设施也尚未建齐，但广场已成为附近居民、打工朋友消闲的一个好去处，一对对的情侣、老人、小孩都兴致很高地来到这里，转一转，四处看看，然后在广场的长椅上坐下来。

广场中心矗立着一座大力水手的雕像，被渐渐暗下来的天色和从地面照射上去的灯光影照出鲜明的层次，面部和手臂的肌肉凸显出力和静默。明斯克航母静静地泊在海湾里，像极了一个熟睡的婴儿。广场上飘荡着那令人亲切的俄罗斯民歌，一曲接着一曲，都是我们熟悉的，舒缓、悠扬、带点忧伤的旋律——《红莓花儿开》《山楂树》《小路》《三套车》《莫斯科郊外的晚上》《喀秋莎》等等。我在广场上兜圈子，一会儿绕着八根旗杆（旗帜被风吹得很响），一会儿兜到售票处的台阶前，和着歌曲的旋律，吹着口哨。有一架该是在航母上服役过的直升机摆放在广场左边的停车场上，还有一些飞机骨架、残骸，依次摆放在那边。

我目睹着"明斯克航母中心"建起来。当年，我经常来这片海湾畔的荒地上散步，有时早上跑步来这里做运动。我看着施工队开进来，在这里打地基，建起招商大楼，看着建筑工人们将青色的地砖铺在广场上，拖轮将"明斯克"号拖进来，泊在这片恬静的海湾里。在我知道俄罗斯曾经的航空母舰"明斯克"号要来到沙头角时，我就在想："明斯

曾位于盐田的明斯克航母世界（罗俊杰 摄）

克"你怎么就来到了这里？

那个俄罗斯女孩时常从我们单位门前走过，她是明斯克航母上的舞蹈演员。我看过她跳舞，随意抒放的婚嫁舞，热情活泼的水兵舞。在一次演出中，在后台，她就站在我身边不到一米的距离，我注意到，她有着迷人的眼窝以及沉静的气质。我用汉语跟她打招呼：你好！她还给我一个微笑。有一段时间，她们舞蹈队借用我们单位的排练厅排练节目，我得以了解，她们大多数还是一个艺术学校的学生，来这儿跳舞，算是实习，签了一年的合约，还有半年时间她们就要离开，会有另一批来自俄罗斯或者乌克兰的年轻的姑娘小伙儿来填充。

在大街上，我跑步，有时也能遇上她，远远地看到了她，金黄的头发，亭亭身材。与她侧身而过时，微笑，挥挥手。但有时我会被本能和好奇心驱使着，跟随在她身后，行走三五百米，我像一个不怀好意者，在她身后注视着她，但又不让她发现我丝毫可疑的行踪。她匆匆的背影那么迷人，我想起阿赫玛托娃，这俄罗斯的月亮和她动人的诗句："音乐在花园里/以难以表述的忧郁响起。/从加冰的牡蛎菜盘中/可以闻到新鲜浓郁的海的气息。"

向远处张望，知道天色全黑了，"明斯克"号却在灯光的装扮下显得更加辉煌、迷人，充满着梦幻的色彩。更多的人往这里聚集，在广场上逗留，分享着这南国夏夜新的旅游景点带来的新奇而浪漫的感觉。那一曲曲美丽动人的歌曲仍然在不停地播放着，海风显得清凉。俄罗斯民歌，特别是俄罗斯文学曾经是我们中国人情感生活的一个重要组成部分，至今仍时不时地会带动起人民的怀旧情绪，就是在今天，只要有人提起普希金、陀思妥耶夫斯基、托尔斯泰、高尔基、奥斯特洛夫斯基、果戈里、契诃夫、帕斯捷尔纳克、曼德尔施塔姆……这一大堆名字，仍然会有人感到激动。是啊，是他们参与、影响、见证了一代又一代中国人火热的青春……

去深大看戏

两个人关在一间牢房里，牢房在一个孤岛上，在非洲。两个囚犯愁闷的日子，离我多么远？然而再过五分钟，这种生活的无望与无望中的欢欣就要展现在我眼前。我努力想象一个叫温斯顿（被判终身监禁），另一个叫约翰（被判十年苦役）的囚犯，他们之间的开心事，除了无休止的争吵与相互挖苦，还会有什么？

演员登场了。演员本来就在场上，是一束光将他从黑暗中突现出来，并牵出了他粗笨的呼吸和卷席子的声音和另一个在墙角汩汩的撒尿声。灯光扩展成一片，更明亮的舞台，两个身体随着话语的拓展在靠近。是这样吗？如果我的记忆没出错的话，游戏的下一步就进入排练了，约翰和温斯顿选择了古希腊悲剧《安提戈涅》，他们中的一个人将扮演虔敬的希腊少女，戴上用椰绒做的发套和椰子壳做的乳房。这多少出乎我的意料，这种快乐的精神、戏中戏——演员在舞台上的倾注，令我屏息……

现在让我来告诉你，我和其他十几名观众置身何处，我们在深圳大学一个叫"黑匣子"的实验剧场里。剧场十分简易，可容纳观众50人左右，其实在这狭小的空间里，舞台与观众席是融为一体的，当灯光从观众的正前方斜投过来，观众身后的空间刹那间成了演员声情并茂的纵横之地。上面描写的这出戏叫《岛》，源自南非，在20世纪50年代诞生，它有个不一般的背景，据介绍此剧曾在百老汇盛演不衰，属"世界名剧在深圳"（这是深圳大学表演系推出的一个演出计划）系列之二，剧中

从国贸大厦旋转餐厅往外看

的两个人物由深大表演系教师杨迁、吴熙担任,导演宋洁同样是表演系老师。在《岛》剧演出大约一年前,在深大石头坞广场上演过《马拉/萨德》,这出戏曾引起深圳文艺界的很大关注,可惜被我错过。后来由深大99级表演系同学演的几场戏,我都奔赴现场,进行了观摩。如根据鲁迅先生《故事新编》系列改编的《奔月》、梅特林克的戏《群盲》,这两出戏和深大学生们的表演,给我留下过美好而深刻的印象。

在寂静的"黑匣子"里,闹起了灾难,一条黑色大虫(像是用装垃圾的大塑料袋制作成的)在舞台奔跑,吞食生灵,接着后羿出来打猎了……这就是《奔月》的开头,很闹也很新鲜。全剧紧凑,剧情波澜起伏,同学们的演出十分投入,剧中场景运用了大量指代性的符号,给人耳目一新之感。嫦娥奔月那段戏很出彩,像是在进行一种心理分析与解剖,嫦娥苦闷的内心得到了赤裸裸的呈现,越来越枯燥的生活让嫦娥无法面对,她还是一个心存梦想的女人。乌鸦肉加炸酱面,早出晚归的后羿带回来的爱的抚慰,让她觉得已接近白开水,多么迷茫,生活没有出路也看不到未来,唯有月亮的光辉成了梦想的指引。

《群盲》这出戏是在石头坞广场附近一个旁边有树林的小广场上演的。因为剧情是发生在森林里,一群盲人失去了他们的引路人,在森林里作着无望的等待,因此有了相互之间的埋怨、争执、恐慌、安抚、鼓舞与希冀,当他们触摸到他们的引路人僵硬了的尸体时,一切又陷入了长久的静默,寒风的呼啸与婴儿的啼哭却仍在观众的耳际萦绕。这出几十分钟的戏给予我强烈的心灵震撼。我想如果我是这不幸中的一员,我该如何逃脱这命运的可怖控制?

怜悯、爱、自由的精神,对于种种人类情感的理解、诠释、传播及再创造,这是戏剧的可能,也是所有艺术的终极指向,是大学人文精神所在。大学一直是我的一种向往,不仅因为那里面跃动着年轻的面庞与身影,那里面的朝气与活力,更因为那里有探索的勇气与自由精神的抒发。我觉得深大表演系的师生们一直在努力接近于这样一种行动的现实。

到灯塔去

早晨，我被一阵叮叮当当的敲打声惊醒，我感觉到那些锤子、铁钎似乎就在我的耳朵孔里活动。楼顶像一个用木板搭的戏台一样，振动得很，我估摸着上面正在上演的是一出《长坂坡》。一看表，才六点四十八分，但是，还能睡吗？

我在床上赖到七点半，起来了，不情愿地端着口杯去大楼另一侧的卫生间洗漱。忘了交代，今天是星期六。整个文化大楼全乱了——从一楼到四楼，堆满了水泥、沙子和破碎的砖头，空气中浮游着一层粘鼻的灰尘——院子里，有人在准备砍倒那几棵假槟榔树。我洗漱完毕，回来冲上两包麦片，当早餐。

我用三分钟跑到附近的东和公园，夹在一群慢悠悠的老太太中绕公园跑步，跑着跑着，我有了一种奇特的感觉，我觉得我的心率变得慢下来，我的头发在一根一根地变白，我像进入了一条时间的变速轨道里，我绕公园跑一圈，就像是过去十年，再跑一圈，过去二十年……哎呀，我这是在一种加速度的模具里迅速凝固啊！

我飞快地逃离了公园，我不能让公园的慢性病传染给我。我跑到海边，在靠近盐田港码头的一块空地上停下来。我呼吸着早晨的海水浮泛出来的淡淡的咸腥。三条小拖轮正在引着一艘装满了集装箱的货轮离港。我看着它，渐渐地变成一个火柴盒——

整个上午，我都在我的斗室里读《到灯塔去》，伴随着"叮当、叮当……嘣、嘣、嘣……赫哧、赫哧……咚、咚……"这些鲁莽的争先恐后的单音节。我先从最后一段读起，然后再从中间读一段，再翻到前头一段读，似乎是有意要配合这杂乱无序的节奏一样，我的阅读同样显得凌乱，像一个没有经验的织毛衣的新手，乱织一气却保持着良好的兴致。一台柴油机在大楼的广场上一直顽强地响到开饭的时间。劳务工们敲响了饭盆，我带着咕咕叫的肠胃走出门来，看到他们快活地蹲在地上吃饭的样子，一盘尖椒炒猪肉，一盘大白菜（里面还看到几块油豆腐），摆放在他们面前的一块小木板上……

十二点十五分，我吃完饭回来睡午觉，到一点半，又被这不知疲倦的"交响乐"唤醒了。我呆坐在床边，看着灰尘像细小的毛虫一样，伸展着它们一颤一闪的小毛腿，在往我房间的每一样东西身上爬，我的黑色的小钟、我的小收音机、我的茶杯、我的书，都被这些灰黄的毛虫密密麻麻地围住，我的书桌，这时候变得像一个不自信的女人，抹了一层厚厚的油粉，像是在盼着阴沉沉的夜色早点降临，她好走出这文化大楼，借着楼外的霓虹，好去妖娆一把。我"嚯"地站起来，用一块抹布——擦、擦、擦——一下子粉碎了书桌的蝴蝶梦。

我伏在书桌上，开始给朋友写信："×××：……深圳很久没下雨了，干旱得报纸上都在叫着要人工降雨呢……我仍然写诗，就在昨天，还写了一首《劳动是我们的安全帽》，你一定会喜欢这样的句子吧——'灯呀，给我世界的影像/给我一面墙，用来盛放世界的哭泣'……这会儿嘛，太阳已经西斜，她透过我的窗玻璃，此刻正趴在我床上，像一个懒婆娘，正用她的猫猫眼乜着我，还用她蒜头一样的脚趾头挠我的背……"

这样写着，我觉得自己的心里有股风在吹着，很是温润，很是清爽。我像是看到朋友正读着我的信，读到这里，脸上露出了浅浅的笑意……

土伦和他的"打工之友"

曾在一本叫《大鹏湾》的杂志上见到土伦的名字,后来到了现实中的大鹏湾工作,朋友建议我去看看他。当时举目无亲,寂寞难耐,便去了他的家,他家就在中英街的关口前,算是特区中的"特区"了。别人的居室挑花绣朵,他家连地板也是水磨石米,吊扇啪啪响,衣服是他老妈从香港买回来的地摊货,灰不拉叽的。据他自己说,只有脚上的塑料底布鞋才是他买的,他就这样带着海风和亚热带烈日深印在他脸上的黧黑在特区的高级酒楼进进出出,从后门进,从前门出,因为他是卖海味的。回到家他便钻进搭在阳台的铁皮屋里写作,赤膊上搭着湿毛巾,用他的母语客家话写《咸水地》,写《海角红楼》。

刚认识他不久的那段时间,也许他知道我一个人过于孤寂,所以时常带我到保税区的工人宿舍去玩,在那里,有很多的打工仔打工妹们,土伦认识住在那宿舍里的每一个人——那些活泼的、性格各异的女孩子。他同她们聊天、拉家常,说些工作内外的琐事。而那些女孩子却亲切地叫他土伦叔叔。

后来他就跑到乡下居住了,不是他的故乡,也不是他曾经生活过的地方,完全是异乡。在东莞常平一个叫元江元的村子,他盖了一间房,房上又搭了几间瓦屋,临时租给投宿无门的找工者,那地块周围都是毛织小厂和菜场。他说他曾经贫困过流落过,愿意为离乡背井的劳动者提供一点方便,心灵也得到些安慰。

我以为他是吹牛,遂跟他跑了一趟,在门前的马路上便见到他墙上的招牌：打工联谊，土伦叔叔主持。两旁挂着一副对联：无烟无酒消磨你的壮志，有诗有茶送你再上征途。对联之间的地下，竖着一段广告词：打工之友，远行人的家，漂泊者的港湾，你的青春驿站，累了进来坐坐，喝口水，唱唱歌。免费阅读，免费保管行李，免费收转信件。

进门是阅览室，40平方米左右，四壁四个书架，摆满了各类书刊杂志，中间五张桌子并排在一起，一条条板凳围着桌子，桌子上是翻得乱七八糟的报纸。

有一年五一劳动节，他又邀我前往，我想找个伴，却没人愿往那偏僻之地，只好孤身上路。

到达那个村子时，看到没有特别大的变化，只是他屋子的周围多出了一些房子，屋子的前面多出了几家工厂。他的房子也加盖了一层，显得更为明亮了些。这加盖的一层被他隔成了六个单间，我上去看了，每个小室都住了人。这样子，规模还不小，倒真有点"小旅馆"的味道了。每到周末或节假日，有一些在附近工厂上班的小夫妻就会到他这里来投宿，花15块住上一宿，然后再快乐地离去。我以为这么好的"生意"，他的收入肯定改观了，再不用五毛钱青菜吃上两顿，他却说平时没几个客的，一个人住一晚收10块，两人收15块，也就只能维持自己的生活与日常开支……

虽然他依然不富裕，乐观的精神却不减，除了看书写作，每晚都要拉一会儿小提琴，有时候也拉二胡，弹那个既不似吉他又不像三弦的秦琴。有的打工者禁不住跟着琴声哼起来，沉浸在音乐和书香的氛围里，忘记了一天下来劳作的疲惫，生活倒也好过。他说将来回到故乡的海湾，那儿正在建设"南海石化"，下游工厂多，他还有几百平方米地皮，还要再办一个"打工之友"，虽然挣不到钱，但和年轻人在一起，做一些对人群有利的事，应了一句老话，助人为乐，心里比有钱还舒坦。

土伦（左）与安石榴（右）在东莞的"打工之友"门前合影

  我相信土伦的话，所谓人之将死，其言也善。虽然他远不到这个年纪，但他毕竟老了，人老了心肠也会慈悲一些，这是人生规律，何况他原本就是一个极为和善的人。

  土伦每星期有五天上午都往股市跑，据他说是上那儿看书报，那儿有冷气，偶尔望一下大盘，一两年才卖一次股票，为他的下一个"打工之友"积聚资本，这是放长线钓大鱼吧。

  不知如何给土伦下定义，他又老又新潮，用笔写作又敲电脑，写《牛郎织女故事新篇》，都什么时代了，没人看的，但他还是坚持着，他用小提琴拉出的却是时代的流行歌曲。

醉酒的人

夜已深，睡意蒙眬中我听到有人在叫唤："哎，有人没有？""这儿有人吗？"

对，确实是有人在叫唤，这声音来自一楼歌舞厅：一个男人的声音。

我好生奇怪，半夜三更的，舞厅早已下班，门该锁上了，怎么还会有人在里面呢？莫非是贼？贼怎么会叫嚷呢？这时那声音又叫了起来："哎，还有人在吗？"接连几声，焦急得很。我起来看时间，差几分钟就四点了。因为我房里亮着灯，从一楼的楼道口可以看到，这声音该是冲着我这儿叫的。我就大声问他："谁呀？你干吗的？"那男子回答："我是舞厅的客人，晚上在你们这儿玩，喝多了酒，倒在洗手间睡着了。"嘿，有点意思，原来是位"醉仙"，错把洗手间当作"汴梁城"了，竟然也没人"发现"他。我还是头一次碰上这种事情，看来这回也只有我能帮他了。我说你耐心等着噢，我去找人给你开门。

半小时后，我找来舞厅的保安将门打开，穿过舞厅的大堂，一直走到舞厅的厨房门口，大堂与厨房之间还有一道铁链门上了锁。当保安开锁之时，我瞧到了这位醉酒的先生，他正坐在与厨房相对的楼道口里，卫生间就是在这楼道口的下面，从他的背后有一道光射下来（这就是从我房子里漏出来的光），使他的面部呈现出幽暗而模糊的轮廓。按道理听见"营救"的人来了，他应该激动起来才对，可一直等我们"哐哐当当"把门打开，又开了里面的灯，这醉君也没动一下，脸色苍白显得沮丧。直到我们走他身边，他才站起来，身子摇晃了两下，用手摸着墙，稍稍定了一下神，才开始往外走。我问他，你没事吧？他有气无力地说没事。从我身边走过去，并将一股强烈的酒馊味传给我黎明时分特别敏感的鼻子。

"你是一个人来的吗？""不是。""那你的朋友怎么没找你呢？"他不作声了。我看到走在前面的醉君两条腿像装了弹簧，踩在棉被上样，一软一软的。出了舞厅，我问他住在哪里，他说就住在附近，我说要不要我送你回家，他说不用了。然后就踩着"琴键"独自消失迷雾般橘黄的街灯里。

回到房里，我想继续睡我的美觉，但却再也无法入睡了，一些活跃的脑细胞似乎被这位醉君牵引着，行走在夜风中。他到家了吗？他回到家会是一种什么情形呢？看他年纪似乎在30岁上下，看样子可能没结婚，单身汉一个。如果他结了婚又会是什么样情形呢？

我胡乱想着这些不着边际的问题，仍然感受着酒分子在我黎明的房间里弥漫，没有梦，因为这位陌生的朋友，我的眼前似乎金花闪闪……

菜市场的女人

这女人是菜市场卖肉的。

一个星期天的上午,我站在肉菜市场熙攘的人流中,看着她拿着大砍刀削排骨。她的动作简洁娴熟,眉宇间的爽朗使得她手中的肉骨头显得格外鲜艳,她案前摆放的根根排骨似一朵朵格外红嫩娇放的玫瑰在吸引着我,不知不觉中,我已立在她的案前,我的目光在她与排骨之间弯曲成一张柔和的弓,这弓拉紧了我的沉默。

站在一边看着她为别的顾客服务——她切肉的动作那么干脆,那刀锋在她手下像一道电,击中案板上顾客所指的那块猪肉,当那"电"切入肉的内部就柔缓下来,接着一块肉就分作了两团,在它们之间一条细长的缝隙呈现出来,从肉缝的间隙可以看到案板上多出了一条新的刀痕(我闻到了猪油侵入新木的气味),可见这一刀是柔中带刚,很有力的。她将顾客需要的那块肉放在秤上,刚好是顾客所需的斤两,我为她的技艺叹服,心里正在为她叫好……

"买骨头?"

"是的。"——我说。

她帮我挑了根顶好的,适合我的骨头,她像是知道我在过着一种单身生活似的,丈量了我胃的容积——那骨头要么是半斤,顶多是六两,然后她把骨头砍了,递给我。"她是多么善解人意呀!"我在心里说。当我伸手去接那骨头时,她总要向我微微一笑。

我差不多已有半年没去那菜市场了。因为工作的关系,我挪了地方。我想起她，同时也想起我在乡下的母亲，我现在要告诉朋友一个秘密，那女人笑起来的时候特别像我母亲，卖肉的女人也应该快60岁了吧，她的身材胖胖的，圆脸红扑扑的，像小姑娘的脸，这一点我母亲该比不上她。

我小时候听母亲说，我外公就是帮人杀猪的，而我的两个舅舅如今还在乡下的集市卖肉——我母亲是个顶好的厨子……

十八岁

"您买一支十八岁吧!一块钱一支。"

"十八岁"在众多的花中并不显眼,白色的花瓣中间亮着一缕淡紫,形状儿与叶片都似菊花。将鼻子凑近了花瓣能嗅到很淡的清香。我问那卖花的中年男子,这花为什么叫十八岁呢?他叽咕了几句,也说不清楚个所以然。我又问这花是不是菊花的一种?他说是的。

只要不是下雨天,我们公司食堂门口总是摆着一些卖水果的担担,橘子、苹果、木瓜、香蕉、小番茄、大石榴,红红艳艳的,被暖和的太阳光照着,十分诱人。在未踏进食堂时,就勾起了我无边的食欲。卖水果的有五六个,而卖花的通常只有一个,有时是上面提到的那位男子,有时是一位与男子年纪相仿的妇女,用的是同一辆自行车,自行车的后座架上有一个大花篮,篮子里各样颜色和种类的花都有。这男子与妇女,有时不是很留心看,就会把他们当作同一个人,因为他们的穿着(都是那种素朴的经年磨损了的劳动布衣裳)、说话的声音都是那么的相似。

吃饱了饭走出食堂,女同事们就成了这小本生意的顾客。买花的买花,买水果的买水果,很一番热闹景象。奇怪的是极少有男同事掺和到这饭后的即兴买卖里。他们总是用眼睛瞥瞥,就走开了。

我走出食堂,只是站在旁边瞧瞧,不买,但也有一种满足感。我一边开单车锁,一边听着买花的女同事讨价钱,似乎女人无论买什么东西,总是要讨讨价钱的,这样买起来心里更感觉舒畅、放心和欢喜。最贵的花，三块钱一枝，其他都是一块钱一枝，但女人如果买十枝一块钱的花，她总是要试着讨到八块钱。我看着这位心情不错的，给自己买花的女同事，她买了玫瑰、满天星、百合，还买了两支文竹，好像是她家的几个花瓶宝宝都在饿着肚子一样，然后我就听到那卖花的推荐说"你再买一支'十八岁'吧……"。

十八岁，多么怪的名字！我踩单车回宿舍午休，一路上都在琢磨这名字的来历，这名字有些玄思色彩的味道。这花开得清淡、素洁，而"十八岁"也正是活蹦乱跳、要迈开步子的一个年纪……

情人节那天，卖花的依然和她自行车上的花篮站在我们食堂门口。等我吃完饭走出来，她一大篮的花已卖得所剩无几，我在花篮前停留下来，买了一支"十八岁"，不为什么，就为这好听得像初恋的名字。

卖书记

整个沙盐路人行天桥上除了我在卖书，还有卖花生、卖菠萝、卖甘蔗、卖笔记本卖笔、卖古钱币和小摆设的。这个人行天桥位于沙盐路上，左边是保税区工业区厂区，右边是工业区生活区，是工人们上下班必经之路，所以总能人流不断，热闹得很。因此选择这样一个咽喉之地来练摊，是不会错的。

说准确一点，其实我卖的是旧杂志，我花了一下午时间从书堆中剔出近200本旧杂志，这些杂志少部分是买的，大多数是杂志社或做编辑的朋友寄赠的，有些还刊有我的文章。浏览之后，我就顺手将它们码在书桌上，但现在这些杂志像是在与我争夺生活空间一样，对我的生活形成了压抑。因此我下定决心要将它们处理掉——

用两只蛇皮袋将它们装起来，用手掂掂，还真够沉的。书这东西，当它特意要显出它的笨重时，你就会发觉它的确有很多不可爱的地方，即使它曾经带给你欢欣与安慰，你也会觉得那是一份记忆的累赘。我很费力地将它们搁在自行车后头，花了十分钟时间，来到人行天桥的梯口，锁好自行车，将两袋笨重东西卸下来，连拖带拉地上了天桥。天桥上脏，已经有卖菠萝、甘蔗、花生的站在天桥的一侧，我选了一块被路灯照得亮堂些的地方立定下来，擦擦额头的汗水，这就是我的摊点了——

我将杂志一沓沓掏出来平摊在天桥上，很好看地摆出了一块方形的书毯，我很后悔没有带一些报纸来，将报纸垫在地上，那样我的书摊就会显得整洁干净多了，也不会把书弄脏。这时候有三个女孩停在了书摊前，她们还穿着厂服，连戴在胸前的厂证也没摘掉。她们躬下身子来选杂志。"多少钱一本？""一块钱一本"，我说。"怎么你的书是这样摆的呢？你是摆给自己看的吗？"其中一个女孩问，我被这女孩子伶俐的问话吓了一跳。原来我把杂志都是顺着自己的方向摆的，我应该反过来摆，才更方便买的人挑选。"哦，你说得对，我应该反过来摆的，我这是第一次做生意，谢谢提醒。"听了我的话，三个女孩子都活泼地笑起来，然后她们挑了两本杂志，说笑着走下了天桥……她们是我的第一批顾客。

从晚上七点半到十点半，我卖出了38本杂志。那些从天桥上匆匆走过的人群，在经过我的书摊时，更多的除了投给我好奇的一瞥，都没有要停下步来翻翻杂志的念头。

第二天晚上，我照例来到这里，将书摊摆开，不仅带来了报纸垫地，而且还书写了一个"一元一本"的牌子放在书摊边，显出一幅很老练的样子，并且开始了吆喝："全国各类期刊杂志，一块钱一本，快来买呵。""内容丰富，好看精彩，一块一本。"我的吆喝还真的吸引了不少过往行人的驻足，他们躬下身来在书摊上翻寻……有一阵子，是下班的高峰期，我感到自己有点照应不过来了，一群人将书摊围了，一下子就卖出了30来本。有一个女孩子，她选了6本，全是文学期刊——《作品》《鸭绿江》《北方文学》《诗刊》《人民文学》《花溪》。我现在还能想起她的面庞，她穿一件暗红的工作服，身边有一个男孩跟随。我看她买这么多，心里高兴，就说送她一本，收五块钱算了。她付了钱，平静地走了。还有位小姐，三十出头的样子，穿得有点考究，她在书摊上翻了很久，最后选了三本民间诗刊。我很想问她是不是在写诗，但最后还是没有问，我想这也许是一个真正热爱诗歌的人。

在我快收档的时候，有一位十五六岁的男孩，看起来像一个小泥水工或者某个装修队的小学徒,背着一个小工具袋停在书摊前,他选了一本《东方艺术》付了钱,准备走时又瞧见了一本《动物乐园》,拿在手上犹豫了半天,问这本书五毛钱卖给他行不行。我说行,他高兴坏了,从工具袋里翻出一个小硬币给我,就匆匆跑下了天桥。这一天最后盘点,我卖出近70本杂志,但有一个不愉快的发现,有三本《女报》是被人顺手牵羊牵走的。

第三天当我来到人行天桥上时,发现桥头的灯没亮,但我还是在那个位置将剩下的杂志摆开来。这时候过往行人三三两两,整座天桥也显得有点幽暗,卖小摆设的只是第一天出现过,卖菠萝、卖花生的仍然坚守在自己的位置。昨天我只看到卖菠萝的卖出了五块菠萝,而卖花生的仅有两个姑娘买了她的花生。我们三人依着护栏站在天桥上,目光都停在桥下穿梭的车流上,当我的目光从车流上掉转来,落在嘈杂中天桥一侧的两个身影上时,我被那位卖花生中年妇女有点散乱的头发被风吹拂的样子深深吸引,我体味到一种被都市浮尘粘连着的落寞的无声扩散……

一个中年男人,走了过来,停在书摊前,很有耐心地在书摊里找寻,这本翻一下,那本也翻一下,看了五六分钟,似乎找不到自己满意的书,于是很神秘地站起来,要我贴过耳朵去,问我:"有没有那种书?"我问:"什么书?"他说:"这还不懂,黄书呗。"我说:"没有,我不是专门来做生意,我只是卖着玩的。"他白了我一眼,悻悻地走了。

在卖一本杂志给一对散步的老年夫妇时,我想到了一个主意:我随手送了他们一本,并且决定"一块钱一本,买一本送一本"。我想让这些旧文学期刊能再一次回到一个人阅读的视线里去。我发现来买杂志的大多是工业区的女孩子们,她们需要用阅读来将不多的工余时间编织。是的,如果她们愿意,如果不产生误会,我真的乐意将这份青春期的梦

在上步中路附近（胡可 摄）

幻免费赠送给她们，让她们始终保持一份生活的憧憬（在文学世界里畅游的愉悦）……

十点半，我收档回家，数数还剩下40多本杂志，今天也算卖得可以，虽然差不多有一半是送出去的。当我轻松地打包走人时，那卖菠萝、卖花生的仍然在天桥上，我说该收档了。她们说：回去也没事，再待一会儿吧……

年初二,深圳的一碗面条

我醒来了……这一刻,世界似乎是静止的。整个单位就剩下了我一人,同事都回家过春节了,我为什么不回去呢?因为,因为……

风在窗口打着呼哨,进来,在我空寂的居所里搜索一遍,也许感觉居所过于简陋,一刻也不停留,又从窗口溜了出去。总是有新的风进来填充,满怀好奇地在衣柜和书架间倒腾一翻,然后过来踩踩我的被子,摸摸我的面颊,感觉这儿还有个活着的人,于是又匆匆跑开了。我有了写点什么的冲动,抓起笔写下了一首《关窗》——

天空又现阴冷
风越刮越大
我必须把窗户关上
才能守住自个儿的温暖

早上醒来
我望着空寂的房间
世界在这一刻静得可怕
五分钟过去
十五分钟过去
二十五分钟过去
风扑着昨夜

未关的窗口
我已无心关窗

风仍在不停地进来
堆在我的面颊上
嘴唇上
告诉我
昨夜的梦
为什么那么冷

  这样的一首即兴之作，我知道，对于别人，也许并没有多大意义。但对于我自己，相对于那一时刻的我，它是重要的。它是一颗心灵孤寂的天平上另一端的砝码。
  我不得不起床了，再怎么说那也是一个不适合忧伤的早晨，全国人民都在欢度春节，一度沉湎于某种心境是不好的。我对自己说"境由心造"——我从床上跃起，我要将那些忧郁的东西踢到床底下去。我做运动，放起音乐，为自己下起可口的面条——
  这样一首诗又诞生了：《年初二，深圳的一碗面条》——

你没法知道这样一碗面条的滋味
你也没法知道/我用什么样的音乐
下在面条里
当作它可口的调料
除非你也是
你也是
独自一人

在这样的时候
在异地
在写过一首忧郁的诗之后
在瞭望
运动
世界的一切
暂停之后
独自将面条
慢慢吃下
吃出热汗

这首诗来得那么快，那么自然，似乎不是写出来的，而是流出来的，从我的生活、所处环境、我的心境里自然释放出来的。它要呈现的是一种事物的真实状态，我内心清楚，这仍然算不上一首好诗，但需要记下来，让时间去对它剥离和抽打，去淘洗乃至遗忘。

一首诗太幽于个人的世界，这肯定是不好的，然而，脱离自己的内心，则会更加糟糕。一首诗，它要恰到好处地在现实上建立一个内心世界、一个有伸展力的艺术世界？它究竟怎样诞生？在想这个问题时，我已步行在街上。街上行人少，时不时传来稀拉的爆竹声，早上下过雨，树叶子是觉得冷了，看上去，像是要陷入一种深深的空洞里。这一切，我是多么熟悉，然而却又倍感陌生。生活、艺术总是在一种若即若离的状态中将我攫取，赐予我矛盾、哀怨、困顿、烦恼以及种种稍纵即逝的喜悦。生活中，新鲜的事物，总是源于自己的挖掘和培植；源于一种——执着的探求。

一个词语、一个意念、一个场景……我想我是时刻在捕捉这些东西，极尽全力，只要它出现，无论以何种形式，我都会拼命地把它抓

2006年,我在下厨,当时约了一群创意达人来我家接受采访,我为他们做饭

第四章 「玩具城」

239

住，使它成为一个情绪饱满的东西，一个能从不清晰的状态中独立出来的东西，以至成为一首总有可取之处的诗，这之中就靠自己对语言及语言节奏的准确把握、运筹、推进、发挥。这样一种语言的魔力，也常常置我于尴尬之地。所以，我认为一个优秀的诗人，他首先要发掘一个自己的诗歌现场，再从这一现场建立一个自己的词汇库，这个词汇库是一个集蕴藏、洞察、审美趋势及心灵栖息等多项功能的完整建筑，它将敏锐地展现一个写诗者的观察甄别能力和思想的纵深度。

我用各种方式来激发自己的生命激情，尝试各种文本写作，但生活，却拉着我向相反方向行驶，将激情沉入生活底部，沉入到具体的事物和琐屑当中，形成一种创作的逆向力。上面的两首诗，展现的就是我的日常生活状态，我将它命名为"生活的逆向诗歌"。以"日常生活"进入诗歌，这已不是一件新鲜的事。我以前的诗歌都与我的生活有着极大关联，将自己的"日常生活"去芜存菁，在这一过程中，我要慢慢建立的是自己的观察和诗写方式。日常诗歌中鲜活的生活细节总是让一首诗充满生机和力量，但处理不好，太过具象，就会让诗流于琐碎和平面化。给人的阅读带来倦怠，而不是震惊。这一矛盾也曾让我产生重重困惑。这两首诗基本上还是沿袭我以前的写诗路子，在我的第一本诗集《零点的搬运工》中有很多这类作品。1999年10月我在写《光与影》的时候，就开始有意识地调整自己。企望将诗写得更加灵动、舒缓、活泼一点，但现在我仍没有把握说是调整了自己，生活总是将人操纵于一种惯性之中，这是件可怕的事……

我继续在街头漫无目的地行走，我的一生，也似乎要在这样一种无目的的行走中消耗而尽。如果说我写出了一些诗，那么这些诗仅仅是我一路行走所采摘的生命的露珠，总有一天它会消失。当我想到在我生命临终时，仍会有人在读我的诗，我会感动和愧疚。所以必须——必须把每一首诗，写好。

细雨中的木棉

似乎是因为今年春天雨多雾多的缘故，内心里特别容易躁动，时常被这莫名的烦躁纠绕着，不能静下心来阅读和写作，甚至不能入睡……

一个人待在家里，听鲁宾斯坦演绎肖邦的曲子，听着听着，就走神了，陷入一种恍惚———一种对往事不具体的回想里，一些往昔的生活场景和片断，像电影一样在头脑里闪现，挥之不去——

一个有着细雨的中午，我从附近排档吃了饭准备回宿舍，公路上行人很少，一个陌生的女子，身子微侧着拖着一个很大的行李箱（显得有点吃力），迎面向我走来。宽阔的公路将她清秀的面庞、楚楚的身影（细致的高跟鞋）凸显在我眼里。我被这样一幕、这样一个陌生的女子深深地打动，我冲动着想走过去，接过她的行李……回到宿舍，我抑制不住自己内心温馨而渴盼的闪念，拿起笔飞快地写下了《行李》：

在细雨中一个女子提着行李
她向我走来，我刚吃过中午饭
她有点瘦，路显得有点宽
这是个我不认识的女人
我知道有很多我不认识的女人
行走在雨中，提着行李
四面八方，她们并不向我走来
她们的细腰沉向一边

深圳时间 —一个深圳诗人的成长轨迹

在梧桐山艺术小镇的一栋旧厂房内,我在朗诵诗歌。香港实验音乐人李劲松,深圳音乐人、艺术家沈丕基,音乐人二道一同即兴配乐

行李，一只箱子，过于沉重
我想走过去扛起那只箱子
她的生活，但我们素不相识

很多次我背着行李这样走
在城市辗转，希望
一个女子迎面走来

　　夜深了，在床上翻来覆去，仍然无法入睡。这些多年前的生活景致，每一幕都印证了我在这个城市的辗转，都深深糅进了我的诗歌里，我无法释怀的成长的旅程……又下雨了，可以清晰地听到雨滴落在窗外树枝和草叶上的声音。我又起身拿起一张威尔第的歌剧精选放入唱机，听到阿依达《告别大地》的唱段，我竟潸然地流下泪来。我一遍一遍地听着《阿依达》，直到黎明的光亮透进窗户。我站到窗前，雨歇了，窗外木棉树秃秃的树枝上挂着晶莹的水珠，它的一个枝丫上，已开出几朵火红的木棉花来。

大口罩

这几日在街上行走，总是看到许多戴口罩的人。大口罩罩住人的大半张脸，总是给我一种臆想和无边的猜测，这些口罩下的真实面孔和表情，究竟会是什么样子？又令我想起一幅漫画——两个戴防毒面具的人在伊甸园里谈恋爱……在若干年之后，这口罩是否真的会换成防毒面具呢？

星期天和友人去爬笔架山，大口罩也戴在一些爬山的人脸上。戴大口罩的人气喘吁吁爬到山顶，仍然没有要将口罩取下来的意思，春天里的风吹拂着他冒着热汗的额头，那豆大的汗珠每一颗都像是在告诉别人，他多么需要健康。

其实口罩也就是一种有形无音的语言，它似乎在提醒身边的每一个人——请别靠近我！我不能肯定你是一个健康的人，你身上没有贴一个"我不是非典型肺炎患者"的标签……

人与人之间因为疾病或仅仅是因为对疾病的恐惧就多了一层无端的隔膜。这不能不让人心里产生一种凄凄感。

友人说现在戴口罩好像成了一种时尚，你看戴个大口罩在大街上匆匆行走，这多酷啊。

看电视，在张国荣的灵体告别仪式上，那众多的人也是戴着大口罩的。张国荣以一道腾空的美丽弧线（这个同样或许曾经戴着大口罩呼吸的人，现在永远地摘下了他的口罩）去过他的宁静生活去了，而那些在仪式上将低垂着痴疑伤感目光鞠躬下来的人，又将会生活在怎样的心虑里呢？毕竟谁也没法了解到那大口罩下遮盖着嘴角的纹漪与心的跳动。而更多的人也只能生活在对内心安宁生活的祈祷里。

美国将一只战争的大口罩不容分说地戴在了伊拉克的土地上。底格里斯河和幼发拉底河两河沿岸的土地正在变成弹坑和炮灰。我对两河流域的文明仅限于书本得来的知识，没有深切的体味，也就没有过分的心痛。但从电视中看到那些战争的场景、断臂、小女孩无告的哭泣，内心里却泛滥起莫名的悲伤与疼痛。如果是我身在战争的现场，我又能做出一种什么样的举措？……

我在辗转难眠中写下了这样一首《大口罩》——

可口的石油燃烧起来
乌黑的天空像一个大口罩
遮住了大地和流淌的涎水
遮住了流血的哭泣
而人们不是为了窒息
才生活——而生活
不在西天上

我拒绝大口罩
我拒绝身边
每一个戴大口罩的人
请摘下你的口罩
与我对话
将你的目光放到我的目光里
将你的病坦白在
我们共同的屋宇

将你的忧伤　焦虑　恐慌
都放在我准备好了的画布上
你看
你的面孔
就是生活的风景
你的微笑
也像春天的风
柔软　舒缓　能解开
他人的心扉……

说吧，说吧
说出接近杀掠的疯狂
说出内心里日益壮阔的羞愧
既然戴上口罩
就用口罩过滤出谎言
瘟疫的面纱
捆绑心灵的黑幕
这天空中碎裂的云彩
你为何还用它遮掩真相
你为何还不
将它丢弃
——《大口罩》

谢谢收音机

我以前居住的地方，是我们单位楼一边的楼梯改装成的一个小空间。空间虽小，但总算是有了自己的一方天地。白天我在这小房间里办公，有时候还亲手做点"美食"以果肠胃，自我感觉这小房间可称为安静温馨的居所了。但一到晚上，这房间就热闹得不行了，因为在它的下面就是我们单位开的一家歌舞厅。无奈，在晚上我就不得不忍受这"夜夜笙歌"的折磨。我眼睁睁地看着那鬼哭狼嚎自我放逐的男女之声，沿着那楼梯一级级爬上来，穿过一层0.6厘米的胶合板爬到我的房间里，像蚂蚁的军队一样钻入我的耳朵和心房。刚搬到这房间里的头几个晚上，我几乎要被这声音搞得崩溃了，内心狂躁不安，总是坐不下来。后来时间久了，情况就有所好转，关键的是我找到了一种以闹制闹，闹中取静的办法——

我的办法是在歌舞厅中传来最强劲的迪斯科舞曲的时候，打开收音机，并将收音机的音量调到最高点，那时我就坐在窗沿，边凝望如水的夜色，边专注地听收音机里潺潺流淌出的声音。这样连续几个晚上之后，我发觉我的心境慢慢变得宁静、平和下来，欣喜之余，似乎也能思考一些问题……收音机的声音在一片嘈杂声中显得格外明晰，我逐渐逐渐地觉得这声音如一口内外叠加的古井，对我构成了双重的诱惑。

听收音机应该是前些年众多打工朋友的娱乐方式之一。确实如此，在我漫长的打工旅程中，就是收音机陪伴着我度过了无数个寂寞的夜晚。无论心情多么凌乱和浮躁，只要一打开收音机，倾听那些陌生而又熟悉的声音，那些宁静且带有芳香气息的音乐，那些真挚的发自肺腑的言谈，我的心就会安静下来。我知道有无数双耳朵，在此刻，像我一样，都在与自己身边这一黑色的小方块保持着心灵的交流，并捕捉到在夜空中飘荡的细微情感。晚间的电台节目大多与倾诉有关，无论是一段恋情，还是曾经的坎坷往事，都让人感觉十分亲切，因为这些事情与我们的经历多么相似，或正在我们身上发生着……陌生的朋友，在身边找不到值得依赖的人，所以才选择用电波倾诉的方式，选择了这样一种远距离、似乎带点浪潮色彩的交流空间。而我，或者像我一样的听众，在听了众多别人的故事之后又能说些什么呢？我们把众多难熬的打工路上的青春时光，都托付给了收音机，在这样的夜晚，我们又能说些什么呢？或许我们可以说一声：谢谢收音机吧，谢谢陌生人将他们的烦恼、他们的欢快——洒播在夜空。

零点过后，歌舞厅的声音小了下来，收音机里的节目也向我挥手告别，这时我还坐下来，干点自己喜欢的事，比方说读两页书、动手写点东西。在柔和的灯光下，我守着自己孤单的影子，像坐在一只细小的收音机里一样，开始编织自己飘忽不定的浪漫梦幻。

我公开发表的第一首诗，是一首朗诵诗，时间在1993年。那时刚到深圳打工不久，在紧张繁重的工作之余，唯一的娱乐方式是听收音机，我的这首题为《音乐与诗》的作品，就是广东电台音乐台一档节目的名称。这档节目是在晚上的11至12点播出，节目的风格清新、明朗、轻柔，有着很浓的抒情性，是一档造梦的节目。诗歌加上音乐，对于漂泊异乡的打工者是一种多么好的慰藉与抚摸，何况是对我这种有着青春冲动和文学梦想的年轻小伙子，要不喜欢它，确实很难。所以通常是晚上加班（一般到10点钟）之后，冲好凉，洗好衣服，就趴到集体宿舍自个儿的床上，将蚊帐放下来，拧开收音机（频道都不用调，因为频道几乎是锁定的），等着这档节目的开始——

舒缓优美的音乐加上启益感人的诗歌，给我如入琼浆之中的感觉。从节目插播的广告中我得知他们正在搞一次征文，为这档节目征集主题诗。因此也就情不自禁地写了一首，投寄了出去。三月之后，我随着工厂搬迁到了中山的坦洲镇，一天午后，因为生病了，请了病假独自在宿舍休息，忍不住又打开收音机来听，出乎意料地就听到了自己的诗配着音乐从收音机里流出来。没错，是一男一女在读我的诗。当时真是激动不已，立马从床上跳了起来，因为今天的节目是重播头天晚上的，可我头天没收听，因此差点就错过，就不能得知自己的"第一胎"带着羞涩的啼哭声到来。激动一阵后，我就躺下来，安静地听着收音机里潺潺的流叙。我可以肯定，那天我独自在偌大的宿舍，在那个楼顶上加盖的铁皮房的宿舍里流泪了。

现在已很难想起来，那首诗究竟是怎么写的了，只记得用了很多排比和比喻，大概是四句与六句换节的方式，朗读起来很有节奏感的样子。后来我写了封信给电台，告知通讯地址变了，请他们寄个节目的录音带来。但是只收到一个写着"谢湘南同志：你的诗作《音乐与诗》，在XX征文中，荣获优秀奖"的获奖证书，稿费也没收到。

2001年，因为我的诗集《零点的搬运工》被选入"21世纪文学之星丛书"，我去北京参加了关于这套书的一个作品研讨会，会后被中央人民广播电台"子夜星河"的编导兼主持人请去录制节目。在录音室里，在与主持人的谈话中，我同样想起了我的这首处女作，这首直接通过人的声音发表的诗，从收音机里流淌出来的诗。

但遗憾的是我并没从电波里听到自己有关这首诗的谈话及我后来的诗作从电波里传出来的声音，虽然"子夜星河"的主持人明确地告诉了我，我那期节目的播出时间，但后来还是因为别的事情错过了收听节目。那些年不停地辗转，记得换过有四台收音机，2000年收音机坏了之后就没有再买。

    收音机是我的亲人
    打开她我才睡得踏实
    我愿意是一个真的哑巴
    那样我仅剩下倾听
    这样写着让人悲伤
    多少个夜晚没有边际
    收音机是唯一抓得住的一块黑色
    少年长大成人，他在异乡

    声音拍打身体，一只母亲的手
    除了广告和新闻，有点唠叨
    收音机基本上没有毛病
    她能让一个梦健康向上
    当我半夜醒来
    她仍在唱歌
    我看见黑色的方块在下降，车轮滚滚
    一个少年，他在异乡

    有一次我走进结婚礼堂
    牵新娘的手，看不清模样
    她开口说话，我凝神细听
    原来是在介绍丰乳霜
    干了一天的活
    请允许我错误的设想

一台收音机躺在枕边
天空宽广,我必须把她抓牢

我知道有很多东西都会飞走
比方说老人的交谈,孩子的
合唱。留给我的只是
一对干电池的能量
它的微弱证明不了我的坚强
我最关心的还是天气预报
好心情总不易寻找
少年终将老去,哦!他在异乡

我写过不止一首与收音机有关的诗,如上面这首《一台收音机伴我入睡》,还有《给认识或不认识的胡晓梅》《陌生人在天空行走》等。

收音机成为一种声音的源头,它让森林、让鸟鸣声退到记忆里去。在暗夜里,城市的孤寂唏唏地流淌着。收音机站在它自己的房屋里,安静地注视着窗外黑洚洚的紫荆树上的叶子,一条公路就睡在树下,睡熟了,再也不理会车辆的打扰。像是突然记起刚才从自己身体里溢扬出的叙述、低泣、沙沙声和劝慰、间隙的沉默,收音机抽噎了一声,竟打起微微的寒战。主人在床上辗转着身体,发出像是亲昵的一段呓语和沉吟……

躺在床上听收音机的时光已经远去,但今天我仍然听电台,不过是在车上,在去采访的路上,去办公室或回家的路上。在奔赴某个地点的途中收听电台,完全是另一种状态,我再也找不到,与一台收音机相依偎的感觉。

玩具城

"玩具城"开始是我的一组诗,后来变成一个艺术项目,参加了2007年的第二届"深港城市\建筑双城双年展"。

"玩具城"是建立在真实之上的一场虚构。它来自我对生活全方位的观察,来自于1998年——生活对我的砥砺和打磨。

1998年5月,经一位写诗的朋友介绍,我来到平湖镇一家电子厂做QC(质量监控员),帮人验货。那是一段难以忘怀的日子,在工作的喘息间我激情勃发,疯狂地写作,竟在一个月之内写下了六十几首短诗,而且酝酿出组诗《玩具城》。

2007年,我在深圳香港城市\建筑双城双年展新闻发布会现场做采访,那一届的总策展人是马清运,他期望发动众多社会人士参与到展览中来。我即刻萌发了要做一个作品来参与,想到以"玩具城"为题,联手不同行业与领域的朋友,做一个参与性很强的艺术项目。

对我来说"玩具城"是一座非隐喻的现实城市。我的立意是谁都可以把城市当作自己家里的玩具。在提交给双年展组委会的作品说明中,我这样写道——

让城市成为我们的玩具。
让城市成为我们家里的玩具。
让我们家成为城市的创意工坊。

"玩具城"项目第二单元"私人空间的日常
美学训练"是在老朋友鲸鱼家里举行的

"玩具城·装置的诗意",一项以家为单位的城市创意运动,开启每个人身上的艺术潜能,使家庭在城市中的核动力得以逐步释放。

创意人谢湘南联动有同样兴趣的艺术家、诗人、设计师、实验音乐人、摄影师、纪录片工作者、媒体人于11月分别在自己家,做了一系列以发表自己及朋友创意作品的个人主题秀。分六个单元,以私密空间重新建构与定义城市空间的公共性,并赋予各个空间不同的艺术属性与相同的现实指向——

音乐单元:改造城市的声音;创意及插画单元:私人空间的日常美学训练;影像单元:当下影像生产的个人源流;纪录片单元:城市游民的多向度表达;诗歌单元:手写体的慰藉;设计单元:以"全球变暖"

为轴点，展开的城市奇特构思，对当下城市问题予以叩问。

没想到我的灵机一动，最后真的实现了。项目获得了策展团队的认可，很顺利地开展了。一群城市青年，自觉地把城市当作了自己家里的玩具（除了诗歌单元由我来召集，其他单元我都找了一个具体的召集人），我们行动起来，在私密空间，张扬自己公共的趣味——

实验音乐、创意与插画、摄影、纪录片、诗歌手稿、设计……一切艺术形式与创意DIY都成为玩起来的黏合剂，从此城市空间多出一种属性：玩性。

玩具　城市　梦想　家
已知的未来
未知的过去
世界在我们的发现中
打开　停留

玩具、道具、面具……城市在市民生活中，在"玩具城"的想象中，做出剧烈运动。它不再是冰冷的建筑与抽象的图纸，它是能释放气息与生产体温的城市人的创意集合，它有了柔韧的弹性与舒缓的节拍。

"玩具城"的内核，在于探讨市民城市生活的精神归属，以及新型的城市家庭如何建立起最小的城市单元的未来。我在其中强调人们应该拥有诗性的个人生活，个人生活如何演化为城市的精神特征，是我想要探索并达成的最终目的。

第一单元"改造我们城市的声音"，是在声音艺术家陆正家里开展的。那应该算是深圳最小型的一个个人音乐作品发布会。

2007年11月3日下午3点，商报路富霖花园A1栋502室，一间租住的房子，坐着或站着十几位聆听者，没有灯光，没有舞台，甚至找不到一只音箱，但聆听是专注的。我们听到公园里休闲与晨练的人的对话与唱歌，听到华强北"发票发票"的叫卖，听到华联大厦的自鸣钟的鸣响与报时，听到巴士上的报站声，这些直接的来自城市的声音，被深圳实验音乐人陆正摘取、剪辑，加上一些不确定的游移的电子元素，演绎出轻快、活泼的节奏。可以感受到陆正对我们这个城市的声音，抱着一种乐观的态度，他试图改造这些响在我们耳边的声音，从而纠正生活的浮躁。从愉悦城市的听觉出发，陆正一直在尝试。半小时的演出，是他即将推出的一个声音作品专辑。

第二单元"私人空间的日常美学训练"，是在老朋友鲸鱼家里举行的。

11月4日下午3点，深圳宝安西乡富通城一期缤纷世界F3303，"玩具城"系列活动第二个单元，创意及插画作品展示现场，鲸鱼的家。

"从未来过这么多人"，这个不到100平方米的房子，一下子装了17个人。两岁多的小男孩，鲸鱼的儿子，一下子见到这么多陌生人，哭着要找爸爸。一个小时后，他不哭了，很开心地在一个粘有贴纸的小黑板上画画。而黑板上的"猩猩贴纸"是插画师A子的一个作品。

半小时之内，客厅的白墙壁上，客厅通往卧室的过道都被风格各异的各类插画作品占领，浓烈的色彩很是耀眼（还有从北京与上海等地寄过来的作品）。而餐桌与茶几也被绘有不同图案的马克杯、化妆盒、手饰盒、各类徽章、贴纸、手工娃娃、陶瓷娃娃、插画集、素描本、创作笔记等各类形态自得的作品霸占，鲸鱼家的桌几可能成为深圳有史以来最小的私人化的展示台。客厅里突然响起《命运交响曲》，一群人围观一个屈居在厨房门口地板上的小装置，一般家里难得一见的磁带被喷成金色，搭建成一个小塔楼，连接磁带的一台复读机同样被喷成金色，摆放在废磁带的中间，构成"巴别塔"的图案。《命运》正是从那里发

展示在我家阳台上的诗歌手稿作品。诗人潘漠子很有创意地把诗刻在旗帜形状的泥料上

出的。

　　欣赏作品，交头接耳，围绕一本插图集，谈论各自的创作过程，乃至如何印刷得更完美。交流在自然的过程中形成。作者与作品同样自在，甚至完全不需要知道作者是谁，但已领略了作品的气息与精到。而作者与作品在一个客厅里的聚集似乎更容易集中注意力，完成互为鉴赏的情感转换。活动从下午三点持续到五点半。麻雀虽小，五脏俱全。小客厅里轻松展示了上百件来自各地的作品，A子带来的一个公仔身上别满了徽章，这同样是对展览方式的创意，而最后这些徽章被现场人士毫不留情地夺为囊中之物。现场很多展示的作品成为互换的礼物。

　　"在家里做作品展示，这种形式还是很新颖的，它破除了平常人对艺术的芥蒂。一般人很少去看展览，通常会觉得艺术与艺术创作是距自己很遥远的一件事。没想过艺术原来就在身边，甚至可以在自己家里开展览。通过这次尝试，我也体会到这件事其实不复杂，很简单，只要自

第三届深港城市\建筑双城双年展现场,观众在我的作品上"写诗"

己愿意去做。""玩具城"创意与插画单元召集人之一鲸鱼说。

而该单元另一位召集人A子则认为:"通过活动,感受到创意也可以成为我们聚会的理由。平常大家虽然都知道要常聚,但聚会的时间少。而这次活动可以说为我们开了个好头。它是开放的,来的人基本上都认识,交流起来也很自由,而且是有效的交流。"

第三单元"当下影像生产的个人源流",展示的是我熟悉的几位摄影师的照片,相当于一个小型的看片会、摄影沙龙。每一张照片,在眼前只有两秒钟的停留,但这两秒钟再现的瞬间,足以让人思绪翻飞。这一单元的召集人是摄影师罗凯星,看片会就是在他家里举行的。

11月6日晚8点,深圳福田区上梅林中康路8号雕塑家园2103号,影像单元展示了李政德、杨俊坡、罗凯星、杨延康、周云哲、梁荣等六位深圳摄影师的作品。六位作者的作品从不同层面展现了当下影像生产的个人源流。李政德的作品《浮生》可以看作深圳这座城市的小步舞曲，而杨俊坡的作品《擦肩而过》则要凝重一些。六年的时间，他的影像积淀，始终围绕着深圳的街头，展示民生百相。通过他的镜头，我们观望到这个城市与时代的涟漪，那些叠加的影像曾经就是我们的生活。罗凯星在摄影师中走的是"王维的路线"，他的《日暮乡关》系列，让我们看到一个用镜头写诗的人。他的画面涤去了一切杂质，只剩下流动的情绪，他用减法拍出了一个忧郁的、往返与城乡之间、似乎终无皈依的灵魂。正如杨延康所说的，他们对影像还怀有一种古典情怀。杨延康所放映的一组关于藏传佛教的图片，也很是恰当地展现了一个游走在深圳之外的心灵的源流……

第四单元"城市游民多向度表达的可能"，放映的是设计师、独立纪录片导演刘高鸣的片子。

11月7日晚7点，八九个人在逐渐向深圳市福田区中心一路发展兴苑11楼集结。这个集结终点就是半个小时后开始的观映。

那天晚上接连播放了刘高鸣的三个片子，纪录片《排骨》、小短片《左边右边》、剧情片《阿松》。而看完片后关于片子的讨论用了与看片几乎相等的时间。过凌晨一点，被热情附体了的人们才作鸟兽散。

《排骨》与《阿松》可谓城市游民的两种形态。它其实也引发了关于城市游民多向度表达的可能性的思考与探讨。如果说《阿松》是导演本人对自己刚来到深圳时那段青春经历的眷顾，《排骨》则带上更多"他者的眼光"，通过一个有些喋喋不休的青年的心理独白，解剖了从乡村进入城市的青年人的心理困境与期待。

第五单元"全球变暖的城市叩问"，是在设计师、艺术家黑一烊的工作室里展开的。那时期他的工作室还在罗湖书城的后面的一个楼盘内。说来奇怪，那个楼盘后来经常出起火、凶杀案这样的新闻，似乎是要与我们展览的主题暗合。后来黑一烊把工作室搬到了华侨城创意文化园，刘高鸣也是把工作室搬到了创意园。

当"全球变暖"不仅是一个环境问题时，它自然也成了一个艺术问题，成为艺术家、设计师所要命名与关注的素材的一种。近年来社会问题从未从我们的艺术品中消失过，只是有时候让人感觉艺术家的表达过于图解、简单，抑或粗暴。但这也怪不得艺术家，因为这些问题本身就十分粗暴地搁置在我们眼前，占用了我们大脑原本不十分阔绰的内存，干扰了我们的生活。既然全球变暖，何不拿地球"开涮"？以艺术的方式，以个人化的表达，总比那些污水、那些工业垃圾将地球毁掉，来得愉悦，来得有美感。

设计师陈绍华就这样做了，他用一辆辆汽车占有了一个球体的表面，没有一丝空隙，让人感觉喘不过气来。好在这不是真的，他很有趣地将这样一个画面放在一个观望镜里，似乎是一个玩笑式的警告，眯着眼睛往里瞧吧，你就看到了地球的坟墓，他的作品取名《墓园》。在香港设计师Rex Koo的三幅海报作品中，人的脑袋冒出浓烟，燃烧着，脸或是被砍伐的树桩，或者就直接变成了黑色的碳素。表达如此噩梦的场景，他的作品算是参展作品中最具美感的了。相比较而言，深圳设计师杨振的两幅油画《变暖一号》《变暖二号》，画面要残酷得多，以那些变异的形体，以婴儿、以胚胎，就击毁了人继续活下去的信心。地球变暖，人的内心则感受到更多冰冷。而艺术呢？仅仅是自我"开涮"的工具？

置身现场的观众，谁都不能否认，这是一个十分切题的展览。变暖，变暖，处处暖。"全球变暖，我则希望我们的内心变热。"参展艺术家曹斐说。

第六单元"手写体的慰藉"，是在我自己家里做的。我把展览命名为"玩具城·装置的诗意·诗歌手稿展"。

在我家里举行的"玩具城·装置的诗意·诗歌手稿展",图为诗人一回在观展

时间是11月10日下午,这是一场展览中的展览,是诗人们对所生活的城市的必要表达,也是私人空间向公共空间的一种善意的"改造"。

我邀约了沈苇、代薇、卢卫平、巫国明、余从、育邦、安石榴、东荡子、孟浪、梦亦非、杜绿绿、谷雪儿、潘漠子、君儿、黄金明、张尔、马莉、谭畅、一回、大草、花间、余文浩、乌鸟鸟等40多位诗人朋友的数十份手稿(有些不认识的诗人,看到消息也寄来了自己的诗稿),把我不到80平方米的家,变成了一个诗歌的"玩具城"。

沈苇的诗是抄写在桑皮纸上的,他的《吐峪沟》《占卜书》,将新疆的辽阔与神秘带进了我的陋室;谭畅的诗,很用心地用毛笔抄写在一只可折叠的长方形的灯笼上,她告诉我灯笼是在云南旅行时买的;而潘漠子的诗刻写在一块旗帜形状的泥土材料上,就像他做的雕塑,平展在阳台上;我把《玩具城》这组诗抄写在版样纸上;大草、花间是在来到我家看展时,现场抄写的,然后就张贴在我客厅里一面刷成蓝色的墙上。

当天，来了30多位诗人、艺术家看展。我们还举行了现场诗歌朗诵，用手写体与方言向城市表达诗意的珍贵。我现场读了我的长诗《美人》，我的女儿也第一次，当着众多的陌生人朗读了一首诗。

这六个单元开展完后，我制作了一个纪录片《玩具城》，把片子带到第二届深港城市建筑双城双年展，在华侨城创意文化园的现场播放。组委会给了我一个相对独立的空间，来呈现我的作品。我把诗人的手稿以及在鲸鱼家展示的漫画、插画作品也带到了现场展示，在现场我还做了一个可让观众参与的诗歌装置作品，邀请观众现场写诗。我买了100个笔记本及签字笔，随意地悬挂在几块木板上，在每个本子的封面上写下一个邀请——

请在这个本子上写下你给妈妈的诗
请在这个本子上写下你给爸爸的诗
请在这个本子上写下你给孩子的诗
请在这个本子上写下你给妻子的诗
请在这个本子上写下你给一位陌生人的诗
请在这个本子上写下你给敌人的诗
请在这个本子上写下你给恋爱了8年却不见了的人的诗
请在这个本子上写下你给一只狗的诗
请在这个本子上写下你给城市的诗
请在这个本子上写下你给最常去的那家超市的诗
请在这个本子上写下你给一家理发店的诗
请在这个本子上写下你给那只讨厌得不行的猫的诗
请在这个本子上写下你给常常送啤酒上来的那位小孩的诗
请在这个本子上写下你给一张床的诗

请在这个本子上写下你给一把剃须刀的诗
请在这个本子上写下你给只有你们两人知道的那家旅馆的诗
请在这个本子上写下你给最疯狂的雨天的诗
请在这个本子上写下你给一个门牌号码的诗
请在这个本子上写下你给一个面具的诗
请在这个本子上写下你给一阵让你爽死了的风的诗
请在这个本子上写下你给过去的明天诗
请在这个本子上写下你给一只龙虾的诗
请在这个本子上写下你给所有冬眠了的眼睛的诗
请在这个本子上写下你给一张唱片的诗
……
请写下你的诗
如果你来不及写下
那请你允许别人
将你躺着的样子
读作一行诗

100个写诗的邀请，完全没有逻辑关联，观众可以在上面找到对应的情感需求，留下只言片语，一个词，或者只是一个标点符号。

这个作品现场引发了很多人的关注，展览结束后，我把这些笔记本收回来，一个个翻开，饶有兴致地看着各种各样的"诗"，这是真正的生活之诗，是一次心灵的自我触碰。

总策划/出版人：胡洪侠
策划编辑：孔令军
责任编辑：岳鸿雁
技术编辑：杨　杰　林洁楠
装帧设计：李　斌

图书在版编目（CIP）数据

深圳时间：一个深圳诗人的成长轨迹 / 谢湘南著. —— 深圳：深圳报业集团出版社，2018.8
　ISBN 978-7-80709-860-7

Ⅰ.①深… Ⅱ.①谢… Ⅲ.①谢湘南-自传 Ⅳ.①K825.6

中国版本图书馆CIP数据核字(2018)第168664号

《我们深圳》文丛
深圳市文化创意产业发展专项资金资助项目

深圳时间：一个深圳诗人的成长轨迹
Shenzhen Shijian Yige Shenzhen Shiren de Chengzhang Guiji

谢湘南　著

深圳报业集团出版社出版发行
（深圳市福田区商报路2号 518034）
深圳市国际彩印有限公司印制
新华书店经销

开本：889mm×1230mm 1/32
字数：215千字
版次：2018年8月第1版　2018年8月第1次印刷
印张：8.25
ISBN 978-7-80709-860-7
定价：50.00元

深报版图书版权所有，侵权必究。
深报版图书凡是有印装质量问题，请随时向承印厂调换。